OUVRAGES DE LA MÊME SÉRIE

In-8º de 240 pages.

La Croix et l'Epée.

LE GÉNÉRAL BOURBAKI, par le Capitaine G. DE CORLAY.

BERTRAND DU GUESCLIN, par Pierre LEMOYNE.

LE DUC D'AUMALE, par G. VALLAT, Docteur ès-lettres.

LA VÉNÉRABLE JEANNE D'ARC, par l'Abbé L. BOUTHORS.

L'AMIRAL BERGASSE DU PETIT-THOUARS, par le Comte DE BERTHAUD.

LE MARÉCHAL CANROBERT, par Charles D'HALLENCOURT.

LE GÉNÉRAL CHANZY, par Jean LAUR.

CHRISTOPHE COLOMB, par Charles D'HALLENCOURT.

L'AMIRAL COURBET, par le Comte DE LIONVAL.

LE MARÉCHAL DE MAC-MAHON, par A. DESLAURIERS.

LE GÉNÉRAL DE MIRIBEL, par le Comte DE BERTHAUD.

LE GÉNÉRAL DE LA MORICIÈRE, par Jean MARY.

LE MARÉCHAL RANDON, par A. RASTOUL.

LE GÉNÉRAL DE SONIS, par Charles D'HALLENCOURT

LE PRINCE DE JOINVILLE, par le Commandant GRANDIN.

LE MARÉCHAL PÉLISSIER, DUC DE MALAKOFF, par le Cᵗ GRANDIN.

Célébrités contemporaines.

PAULINE-MARIE JARICOT, *Fondatrice de la Propagation de la Foi et du Rosaire Vivant*, par Emile VALSAYRE.

O'CONNELL, LE LIBÉRATEUR DE L'IRLANDE, par Emile VALSAYRE.

BERRYER, par Pierre LEMOYNE.

MONTALEMBERT, par l'Abbé Léon BOUTHORS.

GARCIA MORENO, par Charles D'HALLENCOURT.

PASTEUR, par Pierre LEMOYNE.

Les Cœurs vaillants.

UN VŒU HÉROIQUE, par Jeanne GUÉRIN.

AME POUR AME, VIE POUR VIE, par Jacques D'ANTUZAN.

UNE FAMILLE FRANÇAISE EN OCÉANIE, par J. DE LOUSSOT.

MÈRE D'ORPHELINS, par Jacques D'ANTUZAN.

UNE AME D'ÉLITE, par M. PRABONNEAUD.

VIE DE SAINT J.-B. DE LA SALLE par Jean MARY.

LE MARÉCHAL

PÉLISSIER

DUC DE MALAKOFF

1794–1864

Par le Commandant GRANDIN

*Lauréat de l'Institut de France
et de la Société d'Encouragement au Bien*

ABBEVILLE

C. PAILLART, IMPRIMEUR-ÉDITEUR

PRÉFACE

Après des revers, comme ceux de l'Année terrible, la France ne saurait être, à l'avenir, grande, forte et respectée, qu'en revenant aux idées d'ordre, aux sentiments du devoir, d'honnêteté et de patriotisme qui sont comme le tempérament des peuples et dont ils ne s'écartent jamais sans tomber dans la décadence.

Pour raviver en elle tous les bons instincts, tous les élans généreux qu'elle possédait, il ne faut rien négliger ; c'est en rendant hommage à la mémoire des hommes qui ont honoré leur pays par des actes héroïques ou de grandes vertus, que l'on éveille l'amour de la gloire.

A ce point de vue, il nous semble que les exemples donnés par le maréchal Pélissier, pendant sa longue et laborieuse carrière, ne sauraient être perdus.

Il était de ceux dont Brantôme aurait dit :

« *Voylà* pourquoi j'estime ces bons chevaliers
« qui sont sans peur et sans reproche, très
« heureux et dignes de grandes gloires, s'ils
« peuvent franchir la carrière sans y *bruncher*;
« mais ils sont rares (1). »

Commandant GRANDIN.

Rennes, 1er Juillet 1898.

(1) BRANTÔME, *Vie des Hommes illustres*, t. Ier, p. 87.

Le Maréchal PÉLISSIER

DUC DE MALAKOFF

CHAPITRE PREMIER

De Toulon au Prytanée militaire de La Flèche.

’ANNÉE 1794 allait finir, et comme sonnait le réveil de nos fastes, le coq gaulois chantait victorieux sur toutes nos frontières.

Montesquiou avait conquis la Savoie, Anselme le comté de Nice et pendant que Lille, stoïque sous les obus, brisait sa ceinture de fer, nos drapeaux sordides de gloire bondissaient de Jemmapes à Mayence.

La France, à cette époque, cherchait des hommes dans toutes les classes de la société ; elle en trouva d'éminemment supérieurs, même dans les positions qui, d'ordinaire, ne fournissent que des avocats et des officiers subalternes. Ainsi, sous le vertueux Louis XVI, Moreau eut été un avocat ; Pichegru, Masséna et Augereau, des sous-officiers ; Desaix et Kléber, des capitaines ; Lannes, un marchand chapelier ; Murat, un maître de poste et de Buonaparte (1), un simple officier d'artillerie.

Aucune année ne fut certainement plus glorieuse que celle de 1794. Mais aussi quelles armées ! Quels chefs que ces généraux ! Il semblait que la flamme patriotique qui les animait, leur eut donné à tous une physionomie identique, un air de famille. Ils n'avaient pas pactisé avec leur conscience, ces chefs qui conduisaient nos armées à la victoire ; tous ou presque tous tenaient leur brevet de la monarchie déchue ; en face de l'ennemi, il n'y avait plus que des patriotes ayant à cœur le salut de la patrie.

Le chef de bataillon *de Buonaparte*, du 6e régiment d'artillerie de La Fère, avait sous ses ordres, au siège de Toulon, un sergent blanchi sous le harnais.

Il se nommait Pélissier.

C'était un type que ce vaillant aux yeux profonds, à la physionomie douce et avenante, et

(1) Voir *l'Etat militaire* de la France, en 1794.

dont la vie semblait réglée par les sonneries militaires de la caserne ou du bivouac. Tout le 6e d'artillerie connaissait sa flamboyante moustache, couleur de briques. Blessé d'une balle qui lui avait labouré l'épaule droite en se logeant entre les deux os, il ne pouvait plus monter à cheval. Le commandant de Buonaparte lui fit entrevoir la possibilité d'obtenir une position stable, dès qu'il serait guéri de sa blessure. C'est alors que le sous-officier Pélissier est nommé chef artificier, à la poudrerie de Maromme (1), dans la banlieue de Rouen (Seine-Inférieure). Un seul souci le tourmente : c'est qu'il ne peut plus se mettre en selle tout seul, son bras droit étant toujours sans force, et que « tenant la bride dans la main gauche, il ne peut plus allonger le coup de sabre, comme par le passé. »

Le sergent Pélissier était marié. L'endroit lui plut. Si le village de Maromme est endormi, ennuyé, vieillot, la nature aux environs, est, en revanche, vivace, verdoyante et toujours jeune. Des combles profondes évasent dans la vallée leurs flancs plantés de hêtres et de chênes ; des allées herbeuses s'y enfoncent et donnent en été la sensation du *frigus opacum* et des eaux susurrantes de la *Tempe* de Virgile. Une rivière, la

---

(1) Maromme, bourg de 3,000 habitants, à six kilomètres de Rouen, est desservi actuellement par un tramway qui remonte la jolie vallée de la rivière de Cailly.

Cailly, serpente capricieusement dans la vallée, sur un lit de cailloux, parmi des bouquets de saule. A chaque détour, l'œil est arrêté et rafraîchi par une harmonieuse variété de verdures nuancées ; ici, ce sont les colorations foncées des hêtres ; là, le velours tendre des mousses et des herbes ; ailleurs, le vert argenté des saulaies. Partout, l'odorat est réjoui par des senteurs de regain.

Prévoyant qu'il ne pouvait plus espérer reprendre du service actif dans nos armées en campagne, le chef artificier de la poudrerie de Maromme se présenta le 25 messidor an II de la République (1er juillet 1794), à Letourneur, membre du comité de salut public, en tournée d'inspection en ce moment dans la Seine-Inférieure, il fit valoir ses blessures et fut assez heureux pour obtenir de lui, l'emploi de sous-commissaire des poudres et salpêtres, en résidence fixe à Maromme.

Les bâtiments affectés à la poudrerie étaient lézardés ; plusieurs tombaient presque en ruines ; seul le corps de logis servant d'habitation au sous-commissaire était vaste, spacieux et en assez bon état. La Convention n'y regardait pas de si près ; ce qu'il lui fallait, c'était surtout des munitions de guerre, en quantité suffisante pour alimenter les douze armées qu'elle entretenait sur nos frontières menacées. Le reste lui importait peu.

Le brave Pélissier était dorénavant tiré de l'obscurité ; son avenir était assuré, la famille pouvait lui venir, et elle lui vint, en effet. Ce fut là que naquit le 6 novembre 1794 *Aimable-Jean-Jacques Pélissier* destiné à devenir maréchal de France et duc de Malakoff.

Aujourd'hui, la vieille poudrerie de Maromme n'existe plus ; les bâtiments de l'usine ont été démolis, mais sur le terrain acheté par un riche industriel de Rouen, s'élèvent maintenant des constructions solides formant, dans leur ensemble, une des plus belles manufactures industrielles de la région.

Si le lieu et les circonstances qui entourent la naissance d'un homme, exercent quelque influence sur sa destinée, la vie que nous allons raconter peut servir d'exemple à cette loi providentielle.

La maison qu'habitait l'ancien sous-commissaire des poudres et salpêtres, s'y voit encore ; le nouveau propriétaire ne lui ayant fait subir que des aménagements insignifiants, une pierre placée sur la façade perpétue le souvenir de la naissance d'un des plus glorieux enfants de la France ; on y lit l'inscription suivante :

ICI

EST NÉ LE 6 NOVEMBRE 1794

LE MARÉCHAL PÉLISSIER

On peut donc dire, sans hyperbole, que le futur vainqueur de Malakoff respira l'odeur de la poudre dès son berceau. Le hasard faisait bien les choses, car il était là dans son élément; toute sa vie prouvera la vérité de cette assertion. La mère de l'enfant le présenta à l'état-civil, sous le nom de *Marie-Anne*-Aimable ; mais le préposé municipal qui reçut la déclaration des parents, — un *sans-culotte*, comme on disait alors, — substitua de son autorité privée, et sans se soucier des réclamations d'une famille éplorée, aux deux premiers prénoms ceux de *Jean-Jacques*, en l'honneur du philosophe Rousseau, dont il partageait toutes les idées sur le *Contrat social*.

Les parents se contentèrent d'appeler leur enfant *Aimable*, dans l'intimité, et lui-même, devenu homme, officier, puis général, ne signa jamais qu'en faisant précéder son nom de famille, de son troisième prénom, *Aimable*. Le souvenir de *Jean-Jacques* qui lui avait été imposé d'autorité par un employé de mairie sans scrupules, suffit plus tard pour lui faire prendre en aversion l'auteur d'*Emile*. Et quand on en parlait devant lui, il laissait échapper un grognement sourd accompagné de cette parenthèse qui ne visait certes pas à être parlementaire : « Ah ! oui, je sais, cet animal qui est venu me gêner dès ma naissance !... »

Le père et la mère Pélissier avaient conservé

les traditions chrétiennes des vieilles familles d'autrefois ; ils pensaient qu'il appartenait aux seuls parents de déposer dans l'âme de l'enfant une éducation chrétienne, seul moyen d'éviter la redoutable responsabilité qui leur incombera plus tard au jugement dernier.

A l'âge de six ans, Aimable (1) suivit les cours de l'école chrétienne de son village où la jeunesse de l'époque se dégrossissait et où se retrouvaient l'esprit et les traditions de la maison paternelle. L'enfant était intelligent, d'une puissance de volonté poussée jusqu'à la plus invincible opiniâtreté. Ces deux qualités firent son avenir.

Il était d'usage alors pour les jeunes gens sains de corps et de caractère de ne pas atteindre la fin de leurs études classiques pour aller chercher sous les drapeaux la part de gloire à laquelle ils se croyaient appelés. A dix ans le jeune Aimable entra au *Prytanée français*, créé par arrêté des consuls le 4 août 1804, et qui était constitué par l'ensemble des collèges militaires établis à Paris (aujourd'hui Lycée Louis-le-Grand), à Fontainebleau, Saint-Cyr, Saint-Germain (dans le château), dans le palais de Compiègne, à Bruxelles et plus tard, à Lyon.

Le père Pélissier se souvint alors du siège de

---

(1) Aimable était l'aîné de quatre enfants. Des trois autres (une fille et deux garçons) le second des garçons est mort jeune ; le troisième, Philippe-Xavier, devenu général d'artillerie de marine, est mort en 1887, questeur du Sénat.

Toulon, fit les démarches nécessaires, put faire admettre son fils à la maison d'éducation de Bruxelles, et eut l'énergie de le retenir jusqu'au bout sur les bancs, de façon à lui faire parcourir dans leur entier le cycle complet de ses études secondaires et militaires.

« — Je dois à mon père, dira-t-il plus tard au capitaine Cassaigne devenu son aide de camp, d'avoir maçonné de ses mains les fondations de ma carrière. »

Sans son père, Aimable eut pu devenir un très bon officier subalterne, énergique et intelligent ; grâce à son père, il est devenu, pour l'honneur et le bien de son pays, un homme de guerre accompli.

Le jeune Pélissier sortit de la maison d'éducation de Bruxelles en 1812, pour entrer au prytanée militaire de La Flèche, où venaient d'être dirigés environ cent soixante jeunes gens tirés de leurs familles ou des lycées, pour en former le noyau d'une école d'artillerie. A cet effet, un matériel de vingt-deux bouches à feu, dont quatorze canons de différents calibres, quatre obusiers et quatre mortiers, y avait été emmagasiné dès l'année précédente. Au mois de novembre, les apprentis canonniers étaient installés, sous la direction d'un officier supérieur, de deux capitaines et de six sous-officiers d'artillerie.

Le général du Teil commandait le prytanée et l'école d'artillerie de La Flèche, école dans laquelle on n'admettait que des lycéens jugés capables par leur âge et leur instruction d'entrer dans les régiments d'artillerie, en qualité de lieutenants en second, après une année d'études spéciales.

Les élèves de l'infanterie et ceux de l'artillerie du prytanée de La Flèche commandaient la manœuvre à tour de rôle et sans aucune distinction. Chacun devait être prêt à se rendre sur le champ de bataille et à y diriger ses soldats, s'il y était appelé. On savait qu'à toute heure du jour, l'empereur pouvait appeler les élèves sous les drapeaux, quand le contingent de Saint-Cyr était insuffisant.

Malgré les agitations de l'époque, les exercices religieux étaient exactement suivis au prytanée de La Flèche. L'empereur y tenait beaucoup, ne voulant pas donner aux parents forcés de lui livrer leurs enfants, un motif de mécontentement de plus. Ainsi, un ordre du général du Teil, en date du 23 novembre 1813, fixe les heures auxquelles les élèves doivent être conduits au *confessionnal*, chaque semaine, et un autre du 28 janvier 1814 ordonne, aux répétiteurs de l'artillerie, de faire faire la prière tous les matins et tous les soirs.

L'empereur Napoléon Ier ne voulait donc pas

la laïcisation, comme on l'entend de nos jours, sous le gouvernement de la troisième République.

Ainsi qu'il le dira lui-même plus tard à l'évêque d'Alger, dans une occasion favorable : « J'ai reçu la foi dès mon berceau, et l'ai conservée vivace dans mon cœur, malgré toutes les vicissitudes de la vie militaire. »

Parmi les camarades de la section d'artillerie du futur vainqueur de Sébastopol, quelques-uns ont tenu un rang fort honorable dans le clergé et dans l'armée. Citons en passant Mgr Rousselet, futur évêque de Séez, Mgr Daviau, futur archevêque de Bordeaux, le général François-Etienne Larcher qui commandait l'artillerie du corps expéditionnaire de Rome, en 1849, et qui, né à Cambrai, le 20 janvier 1795, entrait au prytanée de La Flèche (section d'artillerie), le 9 juillet 1811, sous le n° matricule 1103. Mort en 1882 dans sa quatre-vingt-septième année.

Un ancien élève de cette époque, le capitaine Patzins, entré au prytanée en 1808, sous le n° matricule 15, et qui s'est éteint à Faverney, à plus de quatre-vingts ans, a écrit ses souvenirs de jeunesse dans *la Chronique prytanéenne* du 5 août 1880. Nous en extrayons les passages suivants dont l'intérêt n'échappera à aucun de nos lecteurs :

« Le prytanée de La Flèche éloigné des bruits de la capitale, bien commandé et soumis à une rigoureuse discipline, était dans l'état le plus prospère en 1812. Plus de 600 élèves dont 200 d'artillerie s'y trouvaient réunis : les études littéraires, scientifiques et militaires produisaient les meilleurs résultats, malgré les éléments contraires provenant de la réunion de jeunes gens si différents par l'âge, la nationalité [1] et les habitudes de première éducation.

« Tous les officiers étaient de vieux braves couverts de blessures. Les adjudants eux-mêmes étaient la quintessence de l'honneur et de la bravoure. Dans les récréations, le vieux sergent d'artillerie Stanislas racontait dans son langage pittoresque le siège de Mayence, où il avait assisté. Le père Bignon, dont le front orné d'une large cicatrice ne pouvait supporter son chapeau, ni en colonne, ni en bataille, dépeignait à ses élèves les belles charges de cavalerie auxquelles il devait ces honorables blessures : ainsi des autres. Blanchet, Chaupe avec sa petite queue de rat, Budan avec son chien Varsovie étaient aussi amusants que chatouilleux sur le point d'honneur. Dans ces groupes si glorieux, il ne fallait pas chercher l'instruction, mais l'amour de la patrie ! Tout

[1] Les jeunes gens admis au prytanée de La Flèche venaient de tous les points de l'Europe : Allemands, Italiens, Suisses, Hollandais, Croates s'y succédèrent de 1808 à 1814, suivant les désirs et les caprices du puissant empereur. Parmi eux, le registre matricule de l'école mentionne les Italiens Barnabo et Patrizzi devenus depuis deux cardinaux émérites, et le Croate Bassarich qui faisait trois classes par an.

était là. Aussi, comme ils excitaient l'émulation parmi les élèves, comme ils enflammaient les cœurs par leurs récits si simples en apparence, mais si chevaleresques !

« En 1812, la création de l'école d'artillerie, à côté de la division d'infanterie, mit la désunion entre les artilleurs et les fantassins. Il y eut des batailles à coups de pied et à coups de poings. Les officiers réprimaient les mutins et tout était dit.

« A cette époque, un élève du prytanée n'avait de considération que pour l'homme qui portait un sabre. Le civil ne lui disait rien : un préfet, un président de chambre, rien !... Un bonnet de police était tout ! Le reste *mercanti*, suivant l'expression consacrée par les Arabes. »

CHAPITRE II

Les difficultés d'une Carrière sous la Restauration.

DMIS à Saint-Cyr le 25 août 1814, Aimable Pélissier en sort le 18 mars 1815, en qualité de sous-lieutenant d'artillerie de la maison du roi.

Louis XVIII, en se présentant à la nation, après le départ de Napoléon pour l'île d'Elbe, avait offert au pays une charte qui assurait ses vieilles franchises. C'était une transaction avec le passé. Le ressentiment et les haines s'effacèrent, la confiance revint. Tous les hommes de cœur, tous les esprits que n'aveuglait pas la passion se rallièrent à une dynastie qui s'annonçait comme devant être paternelle. Mais dans l'entourage du roi, il y avait de la flatterie et peu de dévouement. Les Bourbons ne pouvaient rallier les partis que par le cœur; ils furent méconnus et tout alors se changea en soupirs et en regrets. Le fardeau de la royauté légitime était lourd ; il devait fatalement échapper aux mains des princes qui en acceptaient la lourde tâche.

La partie était belle pour le prisonnier de l'île d'Elbe qui entrevit de suite les nouvelles destinées qu'il avait encore à parcourir, et déploya ses aigles en conséquence.

On vit alors les cocardes tricolores reparaître aux coiffures de nos soldats, malgré leur serment de fidélité aux Bourbons. La période des Cent-Jours commençait.

Le lieutenant Aimable Pélissier tenait garnison à Versailles. En revoyant le petit chapeau et la redingote grise de l'Empereur, les soldats se jetèrent à ses pieds ; à la voix de leur ancien général en chef, les laboureurs, les artisans, tous anciens soldats quittèrent leur travail manuel, endossèrent leur vieil uniforme et rejoignirent leur ancien régiment.

Le départ de Paris du roi Louis XVIII date du 19 mars 1815 ; le lendemain, vers les neuf heures du soir, Napoléon Bonaparte rentrait aux Tuileries. « Son dîner était prêt, et il se mettait à table, quand arrivait de Vincennes l'officier qu'il y avait envoyé le matin pour sommer le commandant du château de se rendre. Il rapportait la capitulation de ce dernier qui n'y avait mis d'autres conditions que la délivrance d'un passe-port pour lui et sa famille. Chose assez singulière, en faisant des recherches au palais des Tuileries, on y trouva dans le pavillon de Marsan, un drapeau tricolore que l'on arbora le même soir au som-

Louis XVIII.

met de la porte de l'horloge. Par quel hasard ce drapeau se trouvait-il là (1) ? »

Le premier soin de Napoléon fut de reconstituer les régiments, en augmentant les unités tactiques, bataillons, escadrons et batteries de façon à faire rentrer dans les cadres, tous les officiers

(1) *Souvenirs inédits du payeur divisionnaire Mallet*, entre les **mains** de l'auteur de ce livre.

en demi-solde et relégués derrière la Loire, — *les brigands de la Loire,* — ainsi qu'on les appelait alors.

Les Bourbons rentrant en France, l'année précédente, ne se montrèrent pas animés de sentiments hostiles, envers l'ancienne armée impériale. Très gentilshommes et très français, les princes avaient affiché un grand respect pour les illustres chefs qui l'avaient guidée sur les champs de bataille de l'Europe.La tradition des régiments fût même en partie respectée. Les cadres seuls furent ramenés à des proportions plus en rapport avec l'état de paix qu'on voulait inaugurer.

Avec le retour de Napoléon, les régiments ou détachements de troupes affectés à la maison du roi, devaient disparaître ; d'autant que l'empereur, par décret du 30 mars 1815, créait dans tous les régiments d'infanterie, trois nouveaux bataillons, les 3e, 4e et 5e, la première Restauration n'en avait laissé que deux. Les officiers en demi-solde trouvèrent là un emploi à leur convenance, ainsi que ceux provenant de la garde royale licenciée.

Le sous-lieutenant Aimable Pélissier passa de l'artillerie dans l'infanterie et occupa un emploi de son grade au 57e régiment de ligne.

Mais, pour un jeune officier, c'est une lourde charge qu'un changement de tenue, avec un budget aussi maigre que celui d'un sous-lieutenant, sans autre fortune que son épée (1). C'était aussi une grosse affaire que celle d'étudier de nouvelles théories, et de se faire à un service qui n'était pas du tout celui auquel il avait été habitué dans les écoles qu'il venait à peine de quitter. Le jeune officier rejoignit, dans les Vosges, le dépôt de son régiment et n'assista pas à Waterloo. Il travailla ses règlements, chercha à approfondir les questions de tactique et de stratégie dont il n'avait encore qu'une notion incomplète. Enfant, il ne s'était pas laissé aller à cette joyeuse turbulence qui est, en quelque sorte, l'apanage du jeune âge ; d'un caractère taciturne et peu communicatif, sa physionomie ne se déridait que dans de rares occasions, ne se signalant que par une volonté opiniâtre et une fougue froide susceptible de braver toutes les résistances. Déjà son père disait de lui : « Aimable sera un jour un homme d'énergie et de résolution. »

Et le vieil artilleur du siège de Toulon ne se trompait pas. Son fils aîné eut été certainement un chef d'armée incomparable, s'il eut vécu assez pour prendre part à la guerre de 1870. Comme tempérament et comme rudesse de caractère, il y avait du Duguesclin dans le héros normand, dont nous analysons la vie dans ce livre. Le jeune officier avait déjà cette âme de soldat dont la

(1) Le traitement d'un sous-lieutenant était alors de 1,150 francs par an.

trempe vigoureuse sait résister aux revers de la fortune. La sanglante bataille de Waterloo le laissa calme et indifférent.

* *
*

Après Waterloo, « il ne restait plus aux *glorieux brigands de la Loire*, qu'à donner un admirable exemple de patriotique résignation. Ils surent épargner à leur pays les maux qui avaient toujours accompagné le licenciement des bandes nombreuses de soldats, pratiquant ainsi les vertus civiques que les splendeurs, comme les calamités de l'Empire, avaient un moment laissées dans l'ombre (1). »

La première Restauration s'était montrée plus que débonnaire pour les vieux serviteurs de l'Empire. La seconde moins bien inspirée versa le sang de Ney et de Labédoyère que les boulets ennemis avaient respectés, et força les vrais généraux à se cacher, tandis qu'une foule de voltigeurs de Louis XVI, de héros de l'armée de Condé, — *les rentrants à la Bouillotte,* ainsi qu'on les appelait plaisamment, — se promenaient sur le boulevard de Gand, dans une tenue moitié militaire, moitié bourgeoise, que les caricatures de l'époque nous ont si souvent réprésentée.

____

(1) *Institutions militaires de la France.* Duc d'Aumale.

Quoiqu'il en soit, les Cent-Jours avaient été une cruelle déception pour Louis XVIII qui put se convaincre que l'armée française fidèle à ses trois couleurs n'avait pas oublié le grand nom de Napoléon. Pour punir les soldats qui avaient déserté la cause royale, la seconde Restauration ne laissa subsister dans l'armée, aucun souvenir de l'Empire, ni dans l'organisation, ni dans l'habillement, ni dans le numérotage des régiments.

On adopta une nouvelle organisation militaire, celle des *légions departementales* (ordonnance dn 3 août 1815).

Chacune de ces légions, formée de trois armes, comprenait :

Deux bataillons d'infanterie de ligne ;

Un bataillon de chasseurs à pied ;

Trois cadres de compagnie de dépôt ;

Une compagnie d'éclaireurs à cheval ;

Une compagnie d'artillerie.

Cette organisation toute politique, contraire aux traditions du pays, supprimait le bataillon dans lequel se trouvait le jeune Pélissier qui fut mis en retrait d'emploi, par suite de licenciement, le 26 août 1815 (1). Il rentra à Maromme chez son père, pour y attendre sa réintégration dans un régiment dès qu'une vacance se produirait.

---

(1) Cette organisation condamnée bientôt par l'expérience, ne pouvait être durable ; elle tint cependant pendant cinq ans, de 1815 à 1820.

Un dimanche à l'église du bourg, les fidèles nombreux attendaient. Le prêtre tardait faute d'un enfant de chœur. Alors, un jeune homme élancé, sanglé dans une longue redingote boutonnant droit sur la poitrine, de visage sévère, mais de noble prestance, se détacha d'un groupe auprès duquel il était agenouillé, s'avança vers l'autel et servit la messe.

Ce jeune homme était Aimable Pélissier.

Ses parents, tous deux fervents chrétiens, n'ayant retenu du passé que ce qui était nécessaire, mais suivant leur temps du pas qui convenait, avaient imprimé leurs qualités à leurs trois fils. Aimable, l'aîné, les occupa surtout. Au rebours de ses frères, il était né robuste et vigoureux. Il avait reçu cette sage éducation qui développe, dans une proportion juste, les qualités de l'esprit et les avantages du corps, réputée la meilleure au temps des Romains qui, pour exprimer un incapable qui n'avait rien appris, disaient de lui dédaigneusement :

Nec litteras didicit, nec natare (1).

Et qui le croirait ? Cet adolescent qui s'adonnait si volontiers aux pratiques religieuses que lui avaient inculquées ses parents d'abord, puis

(1) Il n'a rien appris, ni les travaux de l'esprit, ni les exercices du corps.

l'excellent abbé Deutsch, au prytanée militaire
de La Flèche, sera plus tard dans l'âge mûr un

Ce jeune homme était Pélissier.

militaire d'une raideur impitoyable dans le service. C'est que Pélissier avait le souci de son

devoir, l'amour du métier, le goût du travail, le cœur bien placé et du patriotisme. Dans ses villes de garnison, c'est à peine si quelques rares amis avaient le secret de sa vie intime; il n'en était pas moins un officier solide, intrépide cavalier, causeur spirituel.

Les débuts de sa carrière furent sans éclats jusqu'à son avancement au généralat. Mais il savait commander. D'ordinaire, c'est un don que l'armée procure aux officiers qu'elle garde longtemps à son service. Il est difficile, en effet, d'exercer l'autorité avec quelque durée, sans apprendre à s'en servir. La volonté n'est qu'entêtement et violence, quand le bon sens ne la dirige pas. Ce n'était pas le cas de Pélissier, il avait du bon sens et tenait ferme dans ses desseins, parce qu'ayant d'avance prévu les obstacles, calculé leur force de résistance, il sentait qu'il pouvait marcher au but, sans étonnement, ni embarras. Mais le bon sens dans ces grands dérivatifs de la volonté humaine, où se forme-t-il? Où prend-il son assurance contre les passions qui peuvent le surprendre, contre les obstacles qu'il doit vaincre, contre les périls certains qu'il doit braver? Le bon sens, c'est alors l'amour de la vérité, le zèle du bien, l'immolation au devoir; c'est la vertu.

Aimable Pélissier s'en était instruit au foyer paternel, et à l'user, ces théories lui étaient aussi familières que *l'école du fantassin* ou *l'école du cavalier,* ou autres règlements qui en dérivent (1).

L'œuvre maîtresse de la Restauration a été la création d'une école d'état-major, où devait entrer, après examen, tout officier qui aspirait à faire partie du cadre d'état-major. Cette institution est due au maréchal Gouvion-Saint-Cyr, sur l'initiative duquel fut promulgué, la loi du 6 mai 1818.

Sous l'Empire, les jeunes officiers qui, par l'éclat de leur naissance ou la faveur, prétendaient arriver de plein saut aux grades supérieurs, se précipitaient dans les emplois d'aide de camp; de là des avancements rapides que rien ne justifiait. Désormais nul ne pourra plus faire partie du corps d'état-major s'il n'a passé par l'école dont les éléments se recruteront à Saint-Cyr, à l'Ecole polytechnique, parmi les pages du roi, et enfin parmi les sous-lieutenants de l'armée.

Aimable Pélissier profita de cette faculté et se fit recevoir dans un très bon rang, à l'école d'état-major nouvellement créée.

A cette époque, le service des états-majors n'avait fait aucun progrès depuis 1790; on le retrouvait sans stabilité, sans consistance, sans la considération que méritait l'universalité de ses multiples services. C'est que, dans chaque partie

(1) *Les Français en Algérie.* Louis Veuillot.

de la guerre, les principes se désunissent s'ils n'ont pas un centre commun qui leur sert de point de départ, pour perpétuer un corps de doctrine. Privées de cet appui, les théories mêmes deviennent incertaines et se perdent ; l'application des règles n'a aucun point qui les détermine, aucun lien qui les rattache entre elles. De là, la nécessité d'avoir une école destinée à procéder avec méthode pour façonner le mieux possible des officiers jeunes, actifs, intelligents aux travaux multiples et délicats des officiers d'état-major. Dans les mouvements des troupes à la guerre, leur métier n'est rien moins que la guerre elle-même, car ils touchent à toutes choses, à la pensée du général, aussi bien qu'à son action.

Un concours des plus sérieux fut ouvert à Paris et dans les principales villes de France pour l'admission des sous-lieutenants qui se présentaient comme candidats à l'école d'état-major.

Le premier commandant de l'école fut le maréchal de camp Desprez qui avait fait toute sa carrière dans les états-majors de l'armée impériale ; c'était un officier d'une grande instruction, plus capable que tout autre de diriger cette importante pépinière d'officiers.

La première promotion, entrée à l'école d'état-major en 1818 et sortie en décembre 1819, dite promotion de 1820, n'était pas nombreuse ; elle ne comprenait que douze officiers, dont le sous-lieutenant Pélissier, détaché au régiment des hussards de la Meurthe (aujourd'hui, 2ᵉ régiment de hussards) pour y faire son stage de cavalerie (1), ainsi que le voulaient les règlements en vigueur (1ᵉʳ décembre 1819).

Le service dans la cavalerie n'a jamais été une sinécure; mais en 1820, il dépassait de beaucoup, ce que l'on avait demandé aux officiers jusqu'à présent. L'escadron était tout à la fois l'unité tactique et l'unité administrative; cela était demandé depuis 1813, par tous les généraux de l'armée.

Un souffle militaire très généreux animait ces régiments dont le corps d'officiers était si divers par les origines. On y travaillait beaucoup. Le sous-lieutenant Pélissier se forma la main, en assistant régulièrement, matin et soir, aux exercices de peloton et d'escadron, sur le terrain de manœuvre. Entre deux exercices, il étudiait le terrain, en parcourant à cheval les environs de sa garnison. Chez lui, dans le silence du cabinet, il remettait au net ses croquis pris sur le terrain, et se rendait compte au moyen de la carte des principales manœuvres exécutées par nos troupes, pendant les mémorables campagnes de l'Empire.

Et que l'on ne croit pas que la somme de tra-

____

(1) D'après la loi de 1818, les officiers sortant de l'école d'état-major, faisaient un stage de deux ans, dans chaque arme (cavalerie ou infanterie).

vail que s'imposait le jeune stagiaire du régiment de hussards de la Meurthe, soit un travail superflu ou exagéré, l'anecdote suivante prouve combien voyait juste le futur vainqueur de Sébastopol.

Interrogé en 1849 par Napoléon III à Saint-Cloud, sur le corps d'état-major que l'on critiquait beaucoup à l'occasion du siège de Rome, voici ce que répondit Pélissier qui était alors général de brigade : « Nos officiers d'état-major ne laissent rien à désirer, mais il faut savoir les employer. Croiriez-vous, Sire, que le corps expéditionnaire du général Oudinot de Reggio est arrivé devant Rome, sans qu'un seul des officiers attachés à sa personne n'eut un plan topographique de la place assiégée, si bien que la première tentative d'attaque, le 31 mai 1849, a été faite par le plus mauvais côté, il a fallu l'arrivée à Civita-Vecchia d'un ancien aide de camp du général directeur du dépôt de la guerre, — le capitaine Perricaud de Gravillon, — pour faire connaître l'existence d'un plan de Rome qui, mandé par dépêche, permit au général de diriger ses approches en conséquence, sur le côté véritablement défectueux de la place. »

Mais n'anticipons pas sur les événements. Nommé lieutenant le 16 août 1820, Pélissier mène la vie monotone et régulière de l'officier de garnison.

Les honnêtes gens, à la longue, décident toujours dans le public, écrivait Fénelon au duc de

Dans le silence du cabinet, il remettait au net ses croquis
sur le terrain.

Beauvillers, le 1er septembre 1708. C'est une leçon
toujours bonne à rappeler. Suivons donc notre
officier de hussards, dans ses travaux équestres.
Levé diligemment hiver comme été à cinq heures
du matin, il était prêt pour les exercices profes-

sionnels. Si, dans son peloton, un cheval faisait des difficultés, troublant une reprise ou manifestant la prétention d'être maître de son cavalier, il le montait, le corrigeait, tombait parfois, se relevait toujours, repartait et le matait devant ses cavaliers silencieux et émus. Car ce qu'il avait fait, il le demandait à tous. Dur pour lui, il menait rondement sa troupe qu'il enlevait, entraînait, présentait aux obstacles et faisait passer partout. Il n'admettait ni mièvres considérations, ni ménagements; partout où il se trouvait, il voulait faire des hommes.

Un jour à la manœuvre des jeunes conscrits, il avait fait relever les étriers; ses hommes accusèrent quelque embarras pour se tenir au galop de chasse, d'aplomb sur la selle. Il souffrait d'un anthrax. N'importe, il prit la tête de la colonne, et sans étriers, lui aussi, sauta haies et fossés. Il souffrait atrocement. Mais il avait donné l'exemple et s'était mis pour commander dans les mêmes conditions que se trouvaient ses cavaliers pour obéir.

De tels arguments sont irrésistibles, pour l'avenir d'un officier.

La guerre d'Espagne, en 1823, allait enfin fournir à l'armée française réorganisée par la seconde Restauration une occasion toute naturelle de se distinguer. Elle était d'ailleurs attendue avec une égale impatience par les anciens et nouveaux officiers désireux d'effacer leur différence d'origine, en mêlant leur sang sur les champs de bataille.

*   *
*

GUERRE D'ESPAGNE EN 1823. — Depuis longtemps l'Espagne dominée par les Cortez, était en révolte ouverte contre son roi, Ferdinand. Toutes les monarchies de l'Europe s'émurent de cette situation, le gouvernement de Louis XVIII surtout qui ne pouvait voir d'un bon œil, les progrès que faisaient chaque jour les principes révolutionnaires de l'autre côté des Pyrénées.

Déjà en 1821, dans le but de préserver la France d'une épidémie de fièvre jaune qui sévissait dans la péninsule, un cordon sanitaire de troupes avait été établi le long de notre frontière sud de Perpignan à Bayonne. Peu à peu, cette précaution d'hygiène se transforma en mesure politique, et le cordon sanitaire renforcé prit la dénomination significative d'*armée d'observation*.

Louis XVIII n'était d'ailleurs pas fâché d'intervenir en Espagne, les armes à la main, d'abord pour montrer aux autres souverains que la France recommençait à compter en Europe ; puis pour se concilier l'armée française et lui prouver, — suivant l'expression de Capéfigue, — qu'il y avait encore *de la gloire à acquérir sous le drapeau blanc*.

Les Chambres furent convoquées le 29 janvier 1823.

« ... Cent mille Français commandés par un prince de ma famille, — leur dit Louis XVIII, — par celui que mon cœur se plaît à nommer mon fils, le duc d'Angoulême, sont prêts à marcher, en invoquant le Dieu de saint Louis, pour conserver le trône d'Espagne à un petit-fils de Henri IV, préserver ce beau royaume de la ruine et le réconcilier avec l'Europe... »

M. de Chateaubriand enleva le vote des subsides, par sa parole ardente et persuasive.

« N'oublions jamais, dit-il aux députés, ses collègues, que si la guerre d'Espagne a, comme toute guerre, ses périls et ses inconvénients, elle nous aura créé une armée, nous aura fait remonter à notre rang militaire parmi les nations ; elle aura décidé notre émancipation, rétabli notre indépendance. Il manquait quelque chose à la réconciliation des Français ; elle s'achèvera sous la tente. Les compagnons d'armes seront bientôt amis, car tous les souvenirs se perdent dans ceux d'une commune gloire... Le roi, avec une généreuse confiance, a remis la garde du drapeau blanc à des capitaines qui ont fait triompher d'autres couleurs ; ils lui apprendront le chemin de la victoire ; ils n'ont jamais oublié celui de l'honneur. »

Nos lecteurs peuvent se faire une idée de la joie avec laquelle furent accueillies ces paroles.

Ce qu'il a fallu d'efforts pour réunir sur la frontière des Pyrénées, une armée de cent mille hommes qui n'emmenait avec elle qu'un canon par mille hommes, on ne s'en doute pas aujourd'hui. Les chemins de fer font la besogne que faisaient les jambes autrefois.

Chateaubriand.

Tout se décida promptement.

Le duc d'Angoulême, neveu du roi, quitta Paris dès le 14 mars. De jeunes officiers d'état-major vinrent en foule solliciter une place auprès des généraux désignés pour la campagne. Le lieutenant Pélissier fut assez heureux de se faire attacher à la personne du général Grundler, chef d'état-major du maréchal Oudinot, duc de Reggio, qui commandait le 1ᵉʳ corps d'armée.

Le 14 avril, au matin, les troupes réunies sous les murs de Perpignan, se mirent en mouvement pour franchir la frontière espagnole. Le temps était superbe. Les Pyrénées dont les pics étaient encore blanchis par la neige, se dessinaient en dentelures éclatantes sur le bleu du ciel. L'œil plongeait dans des ravins au fond desquels les torrents écumeux se perdaient comme des vapeurs légères. L'air était embaumé des essences des arbres et du parfum de ces fleurs qui ne croissent que sur le sommet des montagnes.

Une barrière formée de trois chevrons séparait les deux royaumes, — fragile rempart que nos sapeurs du génie eurent bien vite abattu à coups de hache. Le bruit du fer résonna au loin dans la montagne, répercuté par les échos ; la musique éclata en fanfares ; les armes tintèrent. Nos troupes pénétrèrent en chantant sur le sol de l'Espagne.

La campagne commençait.

Cette guerre d'Espagne est intéressante à plus d'un titre ; mais la détailler dans toutes ses phases successives serait fastidieux et inutile pour le but que nous nous proposons dans ce livre, d'autant que le 1ᵉʳ corps auquel est attaché Pélissier a simplement pour mission d'occuper Girone et

Madrid. Mais quelle différence que cette campagne avec celle de l'indépendance en 1808 !

« — Senor caballero, — disait en passant un

Le duc d'Angoulême.

Catalan à l'aide de camp du général Grundler, — il y a quelques années, vous ne vous seriez pas aventuré seul impunément, dans la région où vous êtes en ce moment-ci. »

On ne saurait cependant méconnaître l'influence morale de cette promenade militaire en Espagne

faite avec habileté et entrain. Elle rendit la confiance et le prestige militaire à un peuple qui
venait de subir l'occupation étrangère de son territoire pendant cinq ans.

A Madrid, le maréchal Oudinot eut à conte-
nir dans la soumission et le devoir une capitale
désertée par le gouvernement, dans un pays où
les haines politiques sont ardentes et difficiles à
enrayer. Il sut, comme en 1810, en Hollande,
user de modération et d'humanité ; « son esprit
de conciliation et de générosité était, du reste,
soutenu par la volonté et les tendances du généralissime (1) » qui s'était réservé la place d'honneur, en attaquant le Trocadéro, aux environs
de Cadix, et en délivrant le roi d'Espagne prisonnier des Cortès.

Pélissier voulut assister à ce fait d'armes, et
passa alors de l'état-major du général Grundler
à celui du général Bourcke qui commandait la
2e division du 1er corps, chargée de cette délicate
et périlleuse opération.

Ferdinand VII sut-il user, au point de vue libé-
ral, du pouvoir que nous lui rendîmes, c'est là une
question que nous laisserons en dehors de ces
pages. Toujours est-il que le duc d'Angoulême,
« après avoir humainement et vaillamment rempli la tâche que lui avait donnée le roi, son oncle,

____

(1) *Le Maréchal Oudinot.* Gaston Stiegler.

n'attendit pas les remerciements du prince qu'il venait de sauver et rentra en France sans avoir vu Ferdinand VII (1). »

Quant à notre armée, qui avait été admirable de discipline, elle fut ramenée promptement et en bon ordre, par chacun de ses chefs : les maréchaux Oudinot, duc de Reggio; comte Molitor, Moncey, prince de Hohenlohe, général Bordesoulle, moins une division, — celle du général Valin. — Le lieutenant Pélissier se fit attacher à cette dernière, comme aide de camp du général; ce qui lui permit de ne rentrer en France qu'en 1825, avec la croix de chevalier de la Légion d'honneur (22 septembre) et la croix de Saint-Ferdinand.

Rentré en France, comme nous l'avons dit plus haut, à la fin de l'année 1825, Pelissier devient aide de camp du général Ledru-des-Essarts (1826); puis, il est nommé capitaine le 1er avril 1827 et est envoyé comme stagiaire au 6e régiment de la Garde royale que commande un vieux serviteur de l'empire rallié à la monarchie, le colonel baron de Vedel.

« L'historique des caractères des hommes est l'histoirique même des régiments qui ont eu pour origine les légions départementales (2). »

Ces types ont marqué jusqu'en 1830. Passé cette époque, on n'en retrouvera plus.

(1) *Le Maréchal Oudinot, duc de Reggio.* Gaston Stiegler.
(2) *Mémoires du général de La Motterouge.*

Le baron de Vedel, ancien page de Madame Royale, en 1788, plus tard, la duchesse d'Angoulême, avait servi dans la brigade hollandaise de 1793 à 1802 ; il comptait neuf campagnes contre la France, trois blessures, était chevalier de Saint-Louis et de la Légion d'honneur.

Mais à peine Pélissier est-il arrivé à Courbevoie, au 6e régiment d'infanterie de la Garde royale, que de nouveaux bruits circulent en France. Cette fois il s'agit de la Grèce toujours frémissante sous le joug du sultan de Constantinople.

La guerre de l'indépendance grecque était commencée depuis 1821. Les commencements d'une insurrection sont toujours remplis d'espérances ; les déceptions et les épreuves ne viennent qu'après. Pour les Hélènes, ces épreuves commencèrent dès la fin de la première année, et au mois de mars 1822, les Albanais se trouvaient sans gouvernement ; la Morée, la Grèce continentale, l'Archipel tendaient à se constituer en corps indépendant. Tout n'alla pas au gré des populations soulevées contre la Turquie. Au mois de juillet 1825, la Morée était envahie ; Candie appartenait aux Turcs et, sur le continent, il ne restait plus à l'insurrection que Missoloughi, dans la Grèce occidentale et la citadelle d'Athènes, dans la Grèce orientale.

Expédition en Morée. La France ne pouvait rester insensible à un état de choses qui désolait un vaillant petit peuple, comme les Hélènes. Un corps expéditionnaire fut aussitôt organisé pour opérer en Morée et soutenir la Grèce ; il se composait d'une division de trois brigades, aux ordres du lieutenant-général marquis Maison, ayant pour chef d'état-major le général Durieu. Pélissier se fit attacher à la personne de ce dernier et devint son aide de camp le 1er août 1828.

Le gouvernement de Charles X, affamé d'ordre et de liberté, allait donc prendre en mains la cause des opprimés et faire entendre en Europe la voix de la raison et de l'humanité.

La flottille portant les troupes à destination de la Morée, quitta Toulon le 17 août, débarqua nos régiments sur les côtes du golfe de Calamata, à l'embouchure de la Velica, les 30, 31 août et 1er septembre.

Le 18 septembre, on se porta sur Navarin qui ne fut occupée que le 5 octobre, après l'embarquement des Egyptiens.

A cette époque, l'état sanitaire des troupes laissait beaucoup à désirer par suite de la dysenterie et des fièvres intermittentes ; près du tiers des effectifs était à l'ambulance. L'aumônier Alberge du 46e se multiplia. Le chef d'état-major de la division d'occupation, sur la proposition de son aide de camp, lui adjoignit bientôt quelques sœurs de Saint-Vincent de Paul, qu'il fit venir de Smyrne ; les dangers de mort furent ainsi en partie conjurés.

Le 20 octobre, une brigade occupait Patras, pendant qu'une autre assiégeait le château de Morée ; c'est là que tomba frappé d'un biscaïen, pour ne plus se relever, le colonel Bourbaki, père du futur commandant de la Garde impériale du second Empire, le héros de Gravelotte et de Villersexel.

Nos soldats campés pendant près de cinq mois sur la plage inhospitalière et malsaine de Navarin furent très éprouvés, non par l'ennemi qu'ils n'aperçurent jamais et n'eut affaire qu'à nos marins, mais par les fièvres. Le général Durieu bien secondé par son aide de camp, était un de ces chefs dont la sollicitude ne fait jamais défaut au soldat.

Nos troupes se réembarquèrent pour la France au commencement de l'année 1829 ; en février, elles étaient en vue des côtes de France.

Cette campagne valut à Pélissier la croix de chevalier de Saint-Louis et celle du Sauveur de la Grèce, pour sa brillante conduite devant le château de Morée.

Bien des années après, comme le général Durieu vivait dans la retraite, son ancien aide de camp, devenu maréchal de France, obtint de l'empereur Napoléon III, pour l'ancien chef auquel il était resté fidèle par le cœur, la dignité de grand-croix de la Légion d'honneur, en récompense de ses bons et loyaux services antérieurs. Pélissier vint le voir et lui remit l'insigne que n'obtiennent pas toujours les généraux ayant commandé en chef une armée composée de troupes de plusieurs armes. Cette marque très touchante d'une amitié qui avait survécu aux années, émut le vieux soldat jusqu'aux larmes ; il se jeta dans les bras du maréchal dont le noble cœur était à hauteur du sien. Cette anecdote à elle seule ne peint-elle pas le beau caractère de Pélissier ?

*
* *

Ouvrons ici une parenthèse.

La Providence a fait inégaux les hommes, sous toutes les latitudes et à tous les âges. Toutes les inégalités de la vie sont dans son berceau : inégalités des forces, inégalités des intelligences, inégalités des sourires et des larmes. C'est Dieu qui nombre les jours que nous avons à vivre, qui développe les facultés, sans avoir jamais rendu compte de ses desseins à personne (1). Mais c'est Dieu aussi qui nous prescrit d'atténuer les inéga-

____

(1) *Mélanges*, t. ii, p. 368. M. de Falloux.

lités naturelles par tous les moyens en notre pouvoir. Dans l'armée, l'un commande, l'autre obéit. Il appartient au chef de travailler à niveler cette différence, pour reconnaître la faveur gratuite d'un sort meilleur. Incapable de remercier comme il le faudrait, le puissant, celui qui a l'autorité, s'acquitte envers lui, en étant juste et équitable envers le plus humble. « Dieu a subrogé le prochain à sa place pour suppléer à notre impuissance de rendre à sa personne aucun service (1). »

Mais où est le point d'appui du nivellement des inégalités sociales ? Où l'homme bien né et désireux de bien faire, ira-t-il chercher ses inspirations et établir son domaine ? Dans la religion librement pratiquée. sous la protection de l'Etat.

Confier plus ou moins à l'action légale, le nivellement des conditions : c'est commettre une erreur. « La fin dernière des hommes étant au-delà de cette vie, tout ici-bas doit être réglé en vue de cette fin suprême et... en toute vérité, l'Etat doit mettre ses lois d'accord avec celles du christianisme et ses forces à son service (2). »

L'encyclique *Immortale Dei* met toutes choses au point et nous trace le devoir ; voilà pourquoi nous admirons Pélissier, même dans ses brusqueries, même dans ses exagérations de pensées. Toute sa vie, il a été l'homme du devoir ; que ce

(1) Madame Louise de Marillac.
(2) Amédée de Margerie.

soit envers Dieu, ou envers sa patrie, ou envers son prochain. « Avec le clergé, disait-il un jour à Cassaigne, son aide de camp dont nous parlerons plus loin, — l'armée est le seul milieu constitué, dont les bases reposent avec solidité, sur un ordre moral, où la chaîne sacrée du devoir unit l'obéissance d'en bas, à l'autorité d'en haut. De là, l'obligation pour tout homme qui commande aux autres, de remonter aux causes, de s'y tenir fortement, et de diriger sa vie, en restant toujours dans l'ordre. »

Pélissier avait vu à l'œuvre l'ancien chef d'état-major du général Maison. Plus tard, à l'occasion de la prise de Laghouat, il aura le fils sous ses ordres. L'un et l'autre étaient doués d'un merveilleux don de séduction, mélange heureux de dignité et de bienveillance, précieuse qualité qui, dans toutes les circonstances, tournèrent au profit de la France : le général Durieu en Morée ; le colonel, son fils, dans l'extrême sud de nos possessions algériennes.

Le lieutenant d'état-major devenu maréchal de France s'en souviendra, et voilà pourquoi l'anecdote que nous rapportons ci-dessus a une saveur particulière de loyauté digne des plus grands éloges.

CHAPITRE III

L'Algérie.

EPUIS des siècles, les côtes septentrionales de l'Afrique étaient un foyer de piraterie redoutable à toutes les marines de l'Europe. Vainement, Charles-Quint, en 1541, Duquesne, en 1682-1683 et lord Exmouth, en 1816, bombardèrent Alger. Ils ne purent obtenir que des satisfactions momentanées. Il fallut un coup d'éventail donné au visage, par le dey d'Alger, Hussein-Pacha, en 1829, à notre ambassadeur, M. Deval, pour décider le gouvernement de Charles X à tenter une expédition sur Alger.

Pélissier ne perd pas de temps ; à peine de retour de Morée, il va au ministère de la guerre, se remue et obtient une place dans l'état-major du maréchal de Bourmont. Son chef était le général Desprez, l'ancien commandant de l'école d'état-major de 1818 à 1821. Il coopère au débarquement de Sidi-Ferruch (14 juin), aux batailles de Staouëli (18 juin), de Sidi-Khalef (23 juin), à l'investissement du fort l'Empereur (5 juillet).

Alger appartenait dorénavant à la France. Vingt jours avaient suffi « pour la destruction d'un Etat dont l'existence fatiguait l'Europe depuis trois siècles. »

Le 17 juillet, Pelissier se met à la tête d'un détachement du génie, et va délivrer les esclaves chrétiens, entassés sous les énormes remparts et les routes humides du bagne de Bab-el-Oued.

Avec nos troupes, la croix reparaissait triomphante sur ces rivages d'où elle avait été si longtemps bannie ; elle semblait annoncer que la justice de Dieu était enfin apaisée et que si la proscription du christianisme fut autrefois le signal de la ruine, son retour dans ces contrées était celui de la réédification.

L'armée n'oublia pas de remercier Dieu des triomphes qu'il avait accordés à sa vaillante armée. Le 11 juillet, elle s'empressa de solenniser le saint jour du dimanche, avec toute la pompe possible.

A cet effet; un autel fut dressé au fond de la cour principale de la kasbah, et le signe de la rédemption se montra au milieu de cette forteresse bâtie par les descendants de Mahomet, contre les peuples soumis à l'autorité de Jésus-Christ, La voix du doyen des aumôniers de l'armée, vieillard courbé sous le poids de ses soixante-seize ans, proclama les paroles de l'évangile, réalisa la présence du Verbe éternel dans ces lieux pleins de souvenirs de l'islamisme. Généraux, officiers et soldats entouraient l'autel et après la célébration du saint sacrifice, le vénérable prêtre entonnait de toute la force des poumons que l'âge lui laissait encore, les louanges du Seigneur, le chant d'actions de grâces.

Où est-il ce temps, où nos soldats pouvaient honorer publiquement et sans crainte le souverain Juge de toutes nos actions, celui que l'on appelle le Dieu des armées?

Treize ans après, en 1843, Pélissier indiquera aux premiers trappistes de Staouëli, le bouquet de palmiers (1) à l'ombre duquel a été célébrée la première messe, le lendemain de la bataille (19 juin 1830).

* *
*

Mais la révolution de Juillet ayant fait réduire les deux tiers des effectifs de l'armée d'Afrique, Pélissier revient en France, avec le grade de chef d'escadron d'état-major, le 27 septembre 1830; puis il occupe successivement les divers emplois suivants : aide de camp du général comte Clément

---

1) Ce bouquet de palmiers qui a grandi depuis, s'élève maintenant, comme un monument verdoyant de l'histoire, au centre de la cour d'honneur du monastère de la Trappe.

de la Roncière, inspecteur de cavalerie (19 mars 1831) ; employé au service géographique du dépôt de la guerre (30 avril 1832) ; aide de camp du général Pelet, directeur du dépôt de la guerre (19 novembre 1832) ; à l'état-major de la place de Paris (1833) ; aide de camp du général Reille (15 décembre 1836) ; chef d'état-major de la division des cuirassiers du Nord, à Lille (1839) ; mais sans cesser d'avoir l'œil ouvert sur les événements d'Afrique, où « il y avait, — disait-il, — quelque chose à faire. »

Enfin, nommé lieutenant-colonel le 2 novembre 1839, il obtient d'y revenir en 1840, et arrive à Alger, le jour même où Abd-el-Kader rompant tous les traités allait entamer sa fameuse guerre qui devait durer *huit années*.

A partir de cette époque, le nom de Pélissier se trouve inscrit sur toutes les pages de l'épopée africaine.

*
* *

La période des aventures militaires, des expérimentations hasardées, des tâtonnements administratifs et politiques avait pris fin en 1839. La grande lutte contre Abd-el-Kader allait commencer. Le général Bugeaud, nommé gouverneur général de l'Algérie (23 décembre 1840), prit Pélissier comme chef d'état-major. Il était bien là, à sa vraie place auprès du futur vainqueur d'Isly,

Le maréchal Bugeaud.

à la tête d'un état-major de guerre, toujours à
cheval, toujours prêt à sabrer.

Tous les deux, Bugeaud, un des héros de l'affaire de Baylen en 1808 (1), et Pélissier, le futur vainqueur de Sébastopol, étaient faits pour s'entendre. Pour eux, l'offensive était la puissance de porter nos coups au loin, d'attaquer à fond, au lieu de toujours riposter. Ils organisent des colonnes aussi légères que les rassemblements armés d'Abd-el-Kader. En Algérie, c'est le plus léger qui finit par être le plus fort. Plus une seule voiture dans les expéditions, mais des mulets que nos soldats du train (*tringlots*) appellent des *ministres*.

Les Arabes appelaient *Bugeaud* le père *La Blancheur* (*Bou-chiba*), à cause de sa chevelure d'argent ; Pélissier, *la tête de fer blanc*, à cause de ses cheveux blancs, drus et brillants, encadrant sa figure énergique d'un brun foncé, et formant contraste avec sa moustache taillée en brosse et ses sourcils d'un noir d'ébène. Tous les deux « avaient le bras fort, le cœur miséricordieux et le conseil sage (2). »

Le 3 mai 1840, dans une affaire aux environs de Milianah, Bugeaud ordonne à ses colonnes de charger les Arabes. Ceux-ci prennent la fuite, on les poursuit ; l'élan gagne quelques bataillons de la colonne du général en chef lui-même, et voilà tout son ordre de bataille compromis ; Bugeaud lança son état-major à la suite de ces bataillons,

---

(1) Bugeaud était alors sous-lieutenant au 16e de ligne.
(2) Appréciation des Arabes.

et bientôt le lieutenant-colonel Pélissier, les capitaines Trochu, de Cissey, Raoult qui devait si glorieusement tomber le 6 août 1870, à Frœschwiller, sont sur les traces des réguliers de l'émir. Le commandant de spahis Youssouf reconnut ce dernier, se mit à sa poursuite suivi de Pélissier qui, très bien monté, ne tarda pas à galoper de front avec Youssouf.

Abd-el-Kader cria aux siens : « Lâches, retournez-vous donc, il n'y a que deux hommes derrière vous. »

Pélissier et Youssouf ne ralentirent pas pour cela leur allure; mais leurs chevaux fatigués d'un élan trop rapide, refusèrent de continuer une course échevelée et l'ennemi ne fut pas pris. Il revint à la charge quelques jours après, en attaquant le corps expéditionnaire, au retour de Milianah, il fut encore battu.

En 1841, Pélissier passe avec Bugeaud dans la province d'Oran et prend part à toutes les expéditions qui ont lieu cette année sur Maskara (1), Tlemcen, Tagdempt, les gorges d'Akbet-Kredda, etc. ; il est cité à l'ordre de l'armée pour avoir chargé *seul* les réguliers de l'émir à l'affaire de Takmarick, et décidé la brillante victoire remportée par les spahis de Youssouf ; il reçoit les compliments directs de Bugeaud qui le félicite d'avoir « si

______

(1) *Maskeur*, mot arabe venant de *askeur*, camp.

admirablement organisé et rédigé le service d'état-major (1). »

Puis, Pélissier passe chef d'état-major de la division d'Oran, sous les ordres de La Moricière. Il fait avec ce dernier les admirables campagnes de 1841 à 1842.

Promu colonel le 8 juillet 1842, il devient sous-chef d'état-major général à Alger, il prend part à la fois, à tous les travaux du gouvernement, à la fondation des bureaux arabes et à toutes les expéditions que dirige en personne le gouverneur général, y compris celle contre les Flittas (province d'Oran).

* *

C'est ici que se place la coopération prise par Pélissier à l'organisation du diocèse d'Alger. Pour comprendre les difficultés d'une telle tâche, il faut d'abord se rappeler qu'érigé sur le modèle de ceux de France, le diocèse d'Alger n'a avec eux aucune ressemblance. En France, un évêque a pour le seconder, un clergé nombreux avec lequel il peut entretenir des relations presque journalières ; des moyens de communication faciles qui lui permettent de se transporter dans toutes les localités soumises à sa juridiction ecclé-

(1) Rapport au ministre du 5 juin 1841.

Le général La Moricière.

siastique. Or l'Algérie offre une étendue égale aux deux tiers du royaume de France ; de sorte que les points placés sous notre domination et qui doivent être visités par l'évêque se trouvent à des distances telles qu'il faut quelquefois plusieurs jours d'un voyage pénible par mer pour les franchir. Les voyages dans l'intérieur des terres quoique, dans un autre genre, à pied ou à cheval, ne sont pas moins fatigants, ni moins dangereux.

Le 13 octobre 1838, l'abbé Antoine-Adolphe Dupuch, prêtre du diocèse de Bordeaux, était nommé évêque d'Alger. La religion catholique ne pouvait avoir dans l'ancienne patrie des Cyprien et des Augustin un représentant plus digne et plus vertueux. Deux ans après son installation, Mgr Dupuch n'avait encore pour le seconder dans son saint ministère que neuf prêtres payés par le gouvernement, savoir :

L'abbé Pelleton, vicaire général ;

L'abbé Dagret, secrétaire de l'évêché ;

L'abbé Montérat, curé de la cathédrale ;

Un vicaire de la cathédrale ;

Un aumônier de l'hôpital d'Alger ;

Un curé et un vicaire à Oran ;

Un curé et un vicaire à Bône.

Six ou sept autres ecclésiastiques, volontaires, sans traitement aucun, vinrent offrir leur service à l'évêque, sans autre espoir que de partager les

fatigues et les fruits de sa mission évangélique.
C'était donc avec quinze ou seize ecclésiastiques
au plus qu'il fallait porter les consolations de la
religion à plus de cent vingt mille catholiques
(population civile et militaires compris) épars sur
un territoire de deux cents lieues de long, visiter
les hôpitaux, les prisons, porter des secours aux
malades, soulager les pauvres, répandre les bienfaits de la charité chrétienne sur toutes les
misères, sans distinction de croyance ; en un mot,
faire bénir la religion du Christ, non seulement
aux musulmans, juifs et indigènes de toute pro-
venance, mais aussi à ceux qui, l'ayant connue,
l'avaient en quelque sorte oubliée. Une telle
entreprise, avec des moyens aussi restreints,
était une tâche difficile. Mais les premiers prêtres
qui se chargèrent de remplir la belle et noble
mission que leur caractère sacré leur imposait,
n'avaient-ils pas la même foi, la même religion, le
même Dieu que les douze pauvres pêcheurs qui
avaient conquis le monde ?

Aidé, encouragé par le colonel Pélissier, Mgr
Dupuch fit commencer en 1840 la belle et grande
église qui est aujourd'hui la cathédrale d'Alger ;
établir des chapelles particulières dans les hôpitaux et dans les prisons.

Le jour de Pâques, 1841, l'évêque d'Alger
bénissait la chapelle des condamnés militaires
qu'il mettait, par un ingénieux et touchant rap-

prochement, sous l'invocation de saint Pierre-ès-liens.

En très peu de temps tous les villages du massif du Sahel (banlieue d'Alger) furent pourvus d'églises ou de chapelles catholiques.

La plus belle mosquée de Blidah (*la Djemmâa-el-Kebira)* fut convertie au culte catholique, avec presbytère et écoles chrétiennes dans les annexes (novembre 1841). Cette même année, Mgr Dupuch pose les premières pierres des églises de Bône et de Philippeville. Des Sœurs de Charité sont installées dans un grand nombre de localités ; elles prodiguent aux malheureux, les soins les plus assidus, sans distinction de rang, de sexe et de religion. A toutes les heures du jour et de la nuit, on les voit, bravant toutes les intempéries, courir là où les appellent des souffrances à soulager, des malheureux à consoler.

L'importante ville de Constantine n'avait pas encore vu de prêtres en 1841. Pélissier, y envoya l'abbé Suchet qui fut reçu avec la plus grande cordialité par le général baron de Galbon qui commandait alors la province de Constantine et de Bône ; la belle mosquée du palais de l'ancien bey Achmet fut mise à sa disposition pour en faire une église qui fut inaugurée le 3 mars 1841.

Dans l'intérêt même de la politique française, il était nécessaire que les ministres du Dieu de paix apparussent sur cette terre d'Afrique, théâtre depuis si longtemps de tant de scènes de violence et de barbarie. Aux yeux des Arabes si vivement attachés à leur culte mensonger, les hommes qui ne manifestent aucun sentiment religieux ne peuvent être animés de bonnes intentions. Ils prétendent qu'une entreprise à laquelle la religion n'a pas présidé, ne peut avoir de résultats durables.

La conquête du pays par les armes était maintenant un fait acquis ; restait à faire la conquête des âmes, par l'exemple de toutes les vertus. Le prêtre était tout désigné pour cet objet.

*
* *

La veille de la bataille d'Isly (14 août 1844), le général Bugeaud disait à ses officiers réunis en cercle autour de lui : « ... Je donne à ma petite armée la forme d'une hure de sanglier: Entendez-vous bien ! La défense de droite, c'est Bedeau ; la défense de gauche, c'est La Moricière ; le museau, c'est Pélissier, et moi je suis entre les deux oreilles ».

Le museau c'était le poste d'honneur. Dans ce choc de soixante mille cavaliers marocains contre sept mille cinq cents Français déterminés, l'audacieux colonel fit preuve d'un sang-froid admirable, et révéla ces qualités militaires qui, dans quelques années, vont l'élever si haut.

Le commandant de Martimprey, sous-chef d'état-major, marchait en tête du *museau*, ayant derrière lui le fanion connu sous le nom d'*Etoile polaire*.

« — Etes-vous sûr de la direction, Martimprey, lui cria tout à coup le maréchal.

« — Oui ! Monsieur le Maréchal.

« — Bono !... »

Et à midi, la bataille était gagnée. Le museau pénétrait dans les bandes marocaines.

A la suite de cette brillante affaire Pélissier fut nommé commandeur de la Légion d'honneur (20 août 1844).

Comme chef d'état-major, Pélissier avait établi un ordre tel et une telle discipline parmi son nombreux personnel qu'un chanoine allemand, directeur d'un grand collège de Munich, venu en touriste visiter l'Algérie, et ayant à passer à l'état-major général pour régulariser quelques papiers, ne put s'empêcher de dire à Mgr Dupuch :

« — Je n'ai pas encore vu une classe d'enfants aussi laborieuse et appliquée au travail que le bureau dirigé par ces *grandes moustaches* en pantalon rouge... Quel ordre ! quelle rapidité d'exécution !... »

.

Le nom de Pélissier déjà très haut placé dans l'armée va faire le tour des journaux, à la suite de l'affaire des grottes du Dahra, dont nous allons dire quelques mots.

Dahra veut dire *nord*, en arabe. C'est la partie montagneuse du pays comprise entre le Cheliff et la mer, de Tenez à l'embouchure du fleuve qui, après l'avoir longée dans la partie sud, en coulant vers l'ouest, tourne brusquement au nord et l'isole ainsi des deux côtés.

Une insurrection formidable y avait éclaté en 1845, sous l'instigation des *Khunans* (membres des congrégations de l'Islam) et l'impulsion d'un certain Bou-Maza (*le père à la chèvre*), espèce de ventriloque toujours suivi d'une chèvre avec laquelle il exécutait quelques tours d'escamotage ou de prestidigitation. Le maréchal Bugeaud lança dans le Dahra trois colonnes commandées par les colonels Saint-Arnaud, Ladmirault et Pélissier, donnant l'ordre à ce dernier de se réunir aux deux autres qui partaient de Mostaganem et d'Orléansville, pendant que lui-même marchait sur Tenez. Bou-Maza disparut de la contrée.

Mais Pélissier voulant opérer le désarmement des Ouled-Riah, ainsi qu'il en avait reçu l'ordre de Bugeaud, se trouva arrêté par un rocher inextricable, en forme de grotte souterraine, dans laquelle les Dahriens, suivant une ancienne coutume, s'étaient renfermés avec leurs troupeaux, leurs femmes et leurs enfants. Le chef d'état-major de Bugeaud se présenta à l'entrée de la principale ouverture de ces cavernes et fut reçu à coups de fusil. Il bloqua les Ouled-Riah dans leur repaire, la situation était grave, l'insurrection grandissait. Nos officiers et soldats envoyés en parlementaires dans les grottes furent massacrés. Pélissier donna l'ordre de couper des fascines, de les entasser entre les fissures des rochers, puis il somma les rebelles de sortir et de se soumettre; pour toute réponse il reçut des coups de fusil tirés au travers des ouvertures. A bout de patience et ne pouvant attendre, il y mit le feu et enfuma bêtes et gens dans les grottes.

Evidemment ce n'est pas ici le lieu de discuter cette exécution que d'impérieuses nécessités réclamaient.

Le déchaînement contre Pélissier n'en fut pas moins universel. Le ministre de la guerre, maréchal Soult, blâma la conduite impitoyable tenue en cette circonstance. Bugeaud eut le noble courage de couvrir son lieutenant, en prenant hautement la responsabilité d'une mesure qu'il avait impérieusement recommandée à son chef d'état-major, en cas d'extrême urgence.

L'honneur du rigide officier resta sauf, et ce qui le prouve, c'est que la terrible exécution des Ouled-Riah ne fut pas perdue pour la suite de la campagne. A quelques jours de là, les Sbeahs, tribu voisine, se retirèrent aussi dans leurs

La Cathédrale d'Alger.

grottes ; mais ils en sortirent à la première sommation et ils firent bien.

Et ce qui le prouve encore, c'est que le ministre de la guerre fit justice de tous les racontars absurdes émis par la presse intransigeante et radicale, en nommant Pélissier, maréchal de camp.

Bugeaud le plaça à la tête de la subdivision de Mostaganem, une des plus turbulentes de l'Algérie.

.

Nous le verrons plus loin, Pélissier ne manquait ni d'humanité, ni de qualités affectueuses. Mais sa destinée semble ainsi faite qu'il n'apparaît dans nos fastes militaires qu'aux heures décisives, quand les demi-mesures ont échoué quand la temporisation est inutile et qu'il faut frapper un grand coup pour arriver à un dénouement victorieux qu'il faut obtenir à tout prix. On le voit alors soudainement investi de l'autorité nécessaire pour lui permettre de mesurer d'un œil froid, ce que l'on attend de lui, prendre un parti, — le parti le plus rapide, le plus sûr, — et l'exécuter avec une volonté devant laquelle aucune considération ne prévaut.

Le coup frappé, la situation éclaircie, la victoire remportée, il rentre dans l'ombre jusqu'à ce qu'une péripétie nouvelle vienne ramener vers lui la pensée de tous. Etranger aux intrigues de la tribune et de la presse, il ne cherchera jamais, au moyen de ces expédients, à entretenir autour de son nom, cette vaine rumeur dont s'enivre la vanité.

Le nom seul de Pélissier valait un boulevard devant lequel ont reculé les Arabes de 1840 à 1853.

La vérité sur l'animosité des condottieri de la presse et de la plume envers Bugeaud et Pélissier n'était pas dans les atrocités commises aux grottes des Ouled-Riah ; mais bien dans les facilités qu'ils donnaient, l'un et l'autre, aux Jésuites de s'établir en Algérie.

Fatigué de s'entendre appeler un jésuite renforcé, Bugeaud dit un jour à son secrétaire, M. Léon Roche : « Je ne suis ni un jésuite, ni un bigot, mais je suis humain, et j'aime à faire jouir tous mes concitoyens de la somme de liberté que j'entends jouir moi-même. Pourquoi prendrais-je ombrage des Jésuites, eux qui donnent ici, comme partout ailleurs, de si grandes preuves de charité et de dévouement aux émigrants qui viennent en Algérie, croyant y trouver la terre promise et qui n'y rencontrent que déceptions, maladies et souvent la mort ?

« — Et ce qu'on ne sait pas, ajouta Pélissier se mêlant à la conversation, c'est que le P. Bruneau, leur supérieur, a acquis une maison de campagne à Bou-Aknoun, aux environs d'Alger, moyennant cent vingt mille francs. Disons-le donc bien haut, Monsieur le Maréchal, voilà un prêtre qui a recueilli cent trente orphelins, auxquels il apprend les métiers de laboureur, jardinier, charpentier, menuisier, maçon. Que les sectaires qui nous agonisent de leurs sottises, en fassent autant ; qu'ils nous offrent donc les moyens de remplacer la charité et les soins gratuits par une société qui, comme celle des fils de Loyola, ne nous demande que la tolérance ? »

C'était résoudre la question religieuse, en Algérie, par le bon sens. Et quand le maréchal Bugeaud revint en France, le 11 septembre 1847, cédant la place de gouverneur général au duc d'Aumale, il laissait Pélissier à la tête de la subdivision de Mostaganem; en six ans le clergé de Mgr Dupuch se renforçait d'une façon prodigieuse.

Il comprenait :

Quatre-vingt-onze ecclésiastiques, desservant soixante églises ou oratoires ;

Seize établissements religieux desservis par des Sœurs hospitalières de différents ordres : Saint-Vincent de Paul, Trinitaires, Sainte-Augustine ;

Un établissement de Trappistes à Staouëli, dont la première pierre a été posée le 4 septembre 1843 ;

Un établissement de Jésuites à Bou-Aknoun ;

Un établissement de Lazaristes à Relizane, sur l'Habrah (province d'Oran) ;

Un séminaire à Alger ;

De nombreuses écoles chrétiennes ; plusieurs maisons d'éducation pour les filles ; des œuvres pour les orphelins, les orphelines et les pauvres ; des refuges et des sociétés de charité.

Les énergumènes de la presse auront beau dire : il n'y a pas de colonies, sans la croix du Christ plantée à côté du drapeau de la nation.

* *
*

A partir du jour où Pélissier est placé à la tête de la subdivision de Mostaganem, le cadre s'élargit ; l'homme de science, de savoir et d'énergie peut alors se mouvoir à l'aise. Administration civile, colonisation vont marcher de pair avec le commandement.

La paix troublée par la grande révolte de 1845, était complètement rétablie ; il fallait maintenant donner tous les soins aux concessions et aux concessionnaires.

Un officier général dans la situation de Pélissier est une seconde providence pour l'Arabe, comme pour le colon. Tout cède devant ses ordres ; mais en revanche, églises, écoles, routes, toutes les améliorations utiles rentrent dans ses attributions immédiates. A la fois homme de guerre et d'étude, accessible à tous, et à toute heure, son temps se passe dans le travail, et s'il quitte la table de son conseil pour monter à cheval, c'est pour parcourir le pays, visiter les colons, les encourager dans leurs travaux, ou recevoir les plaintes des indigènes.

La petite colonie que l'on essayait d'établir dans la vallée du Sig et de l'Habra, périclitait faute d'un commandement ferme et net, le premier soin de Pélissier fut d'y envoyer le commandant Charron, avec son bataillon, avec ordre de transformer ses soldats en chaufourniers, tailleurs de pierre, maçons et laboureurs. Quelques mois plus tard, le voyageur qui aurait traversé le Sig, n'aurait plus reconnu Saint-Denis-du-Sig, tellement le village était transformé.

Pélissier s'occupa ensuite de la reconstruction complète de Mostaganem dont les principaux établissements occupaient alors la crête d'une colline séparée de la ville turque par un immense ravin, le *Matamore*. Il y créa un vaste hara; il fit baliser et éclairer les côtes. Quand l'œil embrasse la mer, avec ses grandes vagues remuées sans cesse par le vent d'ouest, l'horizon y est immense; le regard suit alors les silhouettes boisées des collines qui longent la vaste baie de la Macta pour se relever à la pointe du cap de Fer et dresser vers le ciel les arêtes dénudées de leurs roches grisâtres. Il y avait là de nombreux villages à établir, pour coloniser cette partie du territoire que le voisinage de la mer rendait très fertile. Pélissier n'y manqua pas, et pour rendre les communications faciles, il fit jeter sur le Cheliff cet admirable pont qui est certainement le plus grand ouvrage de ce genre, en Algérie. Le 9ᵉ bataillon de chasseurs (commandant Clère) y travailla pendant bien des mois.

Sous son impulsion deux bataillons de la légion étrangère du colonel Mellinet (1) travaillèrent à édifier la ville de Sidi-bel-Abbès, qui devait assurer la sécurité de la plaine de la Melata, et dont l'emplacement était situé derrière la dernière chaîne de montagnes de l'Atlas, sur le même méridien qu'Oran.

Commencé en 1843, sous le nom de *Biscuitville*, ce poste complétait la série des postes-magasins qui, de vingt lieues en vingt lieues, de trois marches en trois marches d'infanterie, de deux marches en deux marches de cavalerie, s'élevaient sur deux lignes parallèles à la mer, dans toute l'étendue de la province d'Oran. Le colonel Mellinet fit travailler sans relâche à la redoute de Bel-Abbès qui finit par sortir de terre, comme par enchantement, et aujourd'hui s'élève sur un marécage où les fièvres faisaient jadis d'affreux ravages, une fort jolie ville entourée de magni-

(1) Mort général de division à Nantes, en 1895.

fiques jardins, arrosée par la Mekerra et qui est vraiment un eden enchanteur quand on entre en ville par la porte d'Oran. Concessions de terre, mise en culture de vastes espaces, travaux d'assainissement, travaux d'endiguement, établissement d'un vaste réseau télégraphique et postal... tout progressa, tout s'acheva sous l'impulsion d'un chef entreprenant, ayant de l'initiative, et soutenu par une invincible ténacité de caractère que rien ne rebutait. En peu de temps, la subdivision de Mostaganem devint un objet d'étonnement, de jalousie et d'émulation pour les autres généraux.

* *

Lorsque Pélissier arrive à Mostaganem, Mgr Dupuch vient de mourir ; le gouvernement lui a nommé un successeur dans la personne de Mgr Pavie, du diocèse de Lyon (1er mars 1846).

Les colons chrétiens sont accourus en nombre assez considérable dans les centres nouvellement créés dans la subdivision de Mostaganem ; il faut maintenant leur assurer les secours religieux dont ils sont absolument sevrés. Pélissier en réfère à son chef direct, le général de La Moricière, qui commande à Oran ; puis, comme le temps presse, car les morts n'attendent pas le bon plaisir de l'administration, il s'en ouvre également à Mgr Pavie. De tous côtés, le génie militaire a bâti des églises et des presbytères, mais les prêtres manquent à la moisson; il en faut de suite pour desservir les villages et visiter de temps à autre les fermes éloignées, bénir les mariages, baptiser les enfants et porter les consolations de la religion aux malheureux que le climat a anémiés. C'est à l'évêque d'Alger de signaler ces besoins qu'il appuiera de tout son pouvoir, étant donné le besoin urgent d'un accroissement du personnel ecclésiastique, dans la subdivision sous ses ordres.

En attendant Pélissier donnait des chevaux et des soldats aux prêtres qui en avaient besoin pour leurs tournées.

Pour faciliter la colonisation, le général créa des routes, sans lesquelles il est impossible à un Européen de circuler d'un point à un autre. Nous avons dit plus haut comment il avait réussi à endiguer l'immense marais de la Macta, situé entre Oran et Mostaganem; il en fit de magnifiques prairies irrigables, et aujourd'hui un monastère analogue à celui de Staouëli s'y est établi. Homme de foi, au milieu de ce siècle sceptique, il osait déclarer, — lui, un soldat, — qu'il y avait à recueillir en Algérie l'héritage des croisades, et qu'il fallait pour réussir et attirer le colon honnête et laborieux, planter courageusement la croix sur cette terre arrosée du sang de nos soldats.

Grâce à la persévérance du général, l'agha Chedly établissait des moulins sur la route de Mostaganem à Oran, plantait du maïs, des pommes de terre et greffait plus de trois mille oliviers sauvages. C'était bien quelque chose pour un homme qui avait eu jusqu'à présent la passion du vagabondage. Ainsi, avec un plan médité, suivi, sans user de violences, mais par la simple persuasion, Pélissier en était arrivé à initier les Arabes aux bienfaits de notre agriculture et aux progrès de la science moderne, mille fois préférables à la liberté d'errer dans le Sahra, sans villes, sans maisons, pareils à des Scythes qui traînaient tout avec eux :

Quorum planetra vagas, rite trahunt domos ?

Grâce au zèle de son prédécesseur, grâce aussi aux efforts combinés de Bugeaud et de Pélissier, Mgr Pavie trouva dans son nouveau diocèse, indépendamment des Jésuites, installés à Alger, des Trappistes de Staouëli et des Lazaristes qui dirigent son grand séminaire, les œuvres suivantes :

Les Frères de Saint-Joseph du Mans, instruisant les enfants à Oran ;

Les Sœurs de la Doctrine Chrétienne de Nancy, à Constantine, Bône et Philippeville ;

Les Trinitaires de Valence, à Oran ;

Les Filles de la Charité, à Alger ;

Les Dames du Sacré-Cœur, à Mustapha ;

Les Dames du Bon-Pasteur, à El-Biar.

Que de choses restaient encore à créer pour que cette armée du bien apporte la civilisation en Afrique, parallèlement à nos armées conquérantes !

La fermeté de Pélissier, comparée aux agitations qui ébranlaient constamment l'autorité dans le centre et dans l'est de l'Algérie, le fit appeler, le 19 février 1850, aux fonctions de gouverneur général intérimaire d'Alger.

« — Monsieur le Gouverneur, lui dit un jour Mgr Pavie, vous pourriez consacrer votre venue à Alger par un bienfait dont l'Eglise vous serait très reconnaissante ?

« — Et lequel, Monseigneur ? Je ne demande pas mieux.

« — Donnez-moi le camp de Kouba pour y installer mon grand séminaire, trop à l'étroit où il est actuellement.

« — Voyez le général Charon (1), Monseigneur, et si nous pouvons nous passer de ce poste, prenez le camp de Kouba ; il est à vous. »

Le général Charon ne fit aucune objection ; Mgr Pavie put ainsi transporter son grand séminaire d'Alger à Kouba, dans ce lieu enchanteur où seront installés plus tard les orphelins arabes

______

(1) Charon (Viala) était alors commandant du génie à Alger ; il deviendra gouverneur général, en 1850.

recueillis par Mgr. Lavigerie, pendant la famine de 1867.

L'entente la plus cordiale régnait donc entre l'Eglise et l'autorité militaire, même à une époque de troubles comme celle de 1848 à 1850.

En serait-il de même aujourd'hui, avec un pouvoir civil dont les tracasseries envers l'Eglise sont de tous les jours ?

**
* *

Ce fut aussi vers cette même époque que Pélissier prit à son service, en qualité d'aide de camp, le capitaine d'état-major Philibert-Charles de Cassaigne qui, sorti, comme son général, du Prytanée, devenu, depuis 1831, le Collège royal militaire de La Flèche, était peut-être l'officier le plus brillant et l'homme le plus accompli des élèves sortis de l'établissement fondé par Henri IV.

Nous devons en dire ici quelques mots, car il fut, pendant neuf ans, l'*alter ego* de Pélissier et un véritable ami jusqu'à sa mort sur le champ de bataille, un jour de victoire, dans les circonstances que nous relaterons plus loin.

Né à Bayonne (Basses-Pyrénées), le 26 septembre 1817, Cassaigne était entré à La Flèche en 1829. Doué de merveilleuses aptitudes pour les sciences et pour les lettres, poète d'un vrai mérite, à un âge où l'on sait à peine écrire sa langue avec correction, il en était sorti en 1835, n'ayant encore que dix-huit ans.

Nos lecteurs peuvent en juger par la pièce suivante, sortie de la plume du jeune écolier, au moment de son départ de La Flèche pour Saint-Cyr :

Adieu, ma chère prison,
Que mon cœur a toujours chérie ;
Adieu, ma seconde patrie,
Je pars pour un autre horizon.

Je m'en vais comme l'hirondelle,
Mais, hélas ! c'est pour plus longtemps.
Que ne puis-je, aux jours de printemps,
A mon doux nid revenir, comme elle !

Cher séjour, en passant ton seuil,
Il me semble que je m'exile ;
Je te quitte, et pour quel asile ?
Mon cœur se remplit de deuil.

Verrai-je reverdir les branches
De ton rideau de peupliers,
Qui coupent les verts marronniers,
Jaspés de guirlandes blanches ?

Dois-je entendre aux flancs de la tour
Résonner la cloche argentine,
Lorsque la croix qui la domine
Etincelle aux rayons du jour ?

Non, sans doute, le sort trop rude
Me sèvre de toi sans espoir,
Je ne dois plus, quand vient le soir,
Retrouver ma lampe d'étude.

Adieu, tranquilles plaisirs,
Mes innocentes causeries ;
Rompez-vous, guirlandes fleuries,
Tissu doré de mes désirs.

En prenant la robe virile,
Combien l'homme perd de bonheur ;
Qu'il a d'ennuis, combien son cœur
Se détache et devient stérile !

Frère (1), que n'es-tu de moitié
Dans mon lointain pèlerinage !
Hélas ! mon bâton de voyage
N'est pas tenu par l'amitié !

Nourrice aimable, la sagesse
Ici souvent me parlait ;
Ah ! puisse-t-elle de son lait
Me nourrir aux jours de tristesse !

Mais mon aile s'ouvre à demi
Aux vents dont s'éveille l'haleine ;
Je vais partir. Qu'on a de peine
A fuir le séjour d'un ami.

Cassaigne était attaché à la carte de l'Algérie depuis le mois de mars 1846, c'est là où Pélissier le connut pour en faire son aide de camp, dès qu'il eut les épaulettes de général (4 octobre 1847).

---

(1) Ce frère, cet ami, dont parle ici Cassaigne, est Antide Faulte de Vanteaux, mort lieutenant au 3e léger, à la suite d'une expédition en Kabylie. Vingt ans plus tard, la mort de Cassaigne réunira les deux amis. Que leurs deux noms restent désormais unis dans l'histoire.

Nous arrivons ainsi à la révolution de février
1848. Pour l'Algérie, cette révolution est *l'ère des
intérim*. Le gouvernement change six fois de
gouverneur général. Quant à Pélissier, il est
appelé à Oran, pour y remplacer son chef,
La Moricière, nommé député et parti pour Paris,
d'abord comme commandant de province à titre
provisoire, puis ensuite à titre définitif.

L'anarchie la plus complète régnait dans les
pouvoirs civils, que chacun voulait diriger à sa
guise. En quarante-huit heures, il remit chacun
à sa place ; les ordres les plus sévères furent
donnés et tout rentra bientôt dans l'ordre. Quelques tribus, soulevées du côté de la frontière
marocaine, l'inquiétaient cependant, en raison
des avances que faisait le gouvernement chérifien
aux Hamyans et aux Oueld-Sidi-Cheik qui
peuplent le sud-ouest du Sahra oranais. Il y plaça
des colonnes volantes commandées par Bosquet,
Mac-Mahon et Cousin-Montauban, trois chefs
militaires d'une énergie reconnue, et qui eurent
bientôt mis à la raison les tribus dissidentes,
momentanément en insurrection contre notre
autorité.

Ici se place une anecdote que nous voulons
citer, parce qu'elle fait le plus grand honneur au

capitaine Cassaigne. Elle prouve jusqu'à l'évidence combien est grande l'influence d'un aide de camp, au caractère doux et sympathique, sur une nature aussi irascible que celle de Pélissier.

Le général venait de visiter aux environs d'Oran une de ces colonies agricoles formées avec des déportés de 1848, gens absolument ignorants des convenances à avoir vis-à-vis de l'Etat, ou des chefs militaires qui le représentaient. En cinq mois, il en avait installé vingt et une. Au retour d'une de ces visites, il avait ordonné une revue du 9ᵉ bataillon de chasseurs, dans la plaine de Garguentha. Pélissier était d'une humeur massacrante. Le bataillon se présenta dans une tenue parfaite, mais quand un chef veut trouver ce que l'on appelle la petite bête, il trouve toujours un prétexte pour trouver tel paquetage mal fait, telle coiffure mal placée sur la tête ; bref, le général fit au brave commandant Clerc, des reproches injustes et immérités qui l'obligèrent à jeter son sabre aux pieds de son général en lui disant : « Je donne ma démission. »

Cet officier, réputé comme un chef de corps hors ligne, d'une grande bravoure, était doué d'une intelligence que toute l'armée d'Afrique connaissait pour l'avoir vu à l'œuvre dans des conditions excessivement difficiles.

Rentré au Château-Neuf (1) avec Cassaigne, celui-ci dit à son chef : « Mon général, vous pouvez demander au Ministre de la guerre un autre aide de camp que moi ; jamais je ne consentirai à rester auprès d'un homme qui traite, comme vous venez de le faire, le plus valeureux soldat et le chef de corps le plus brillant de l'armée française. »

Pélissier, au désespoir, chercha, mais en vain, à faire revenir Cassaigne sur sa détermination, disant qu'il était prêt à faire tout ce qu'il fallait pour réparer un emportement momentané.

« — Eh bien alors, mon général, ajouta l'aide de camp, écrivez au commandant Clerc, invitez-le à dîner, en mettant sur le compte de votre mauvaise humeur les injures de ce matin. »

Et ce qui fut dit, fut fait.

Cassaigne écrivit la lettre d'invitation, y ajouta quelques mots d'excuses, fit signer le général, et alla la porter lui-même au brave Clerc.

Cette action, toute de haute convenance, a conservé à l'armée française un de ses officiers les plus en vue, si une balle autrichienne n'était pas venue couper le fil de ses jours, au commencement de la campagne d'Italie (2).

---

(1) En arabe, le *Bordj-el-Hameur* (le fort rouge), résidence des généraux commandant la division d'Oran.

(2) Clerc devenu général de brigade fut tué à **Magenta**, le 4 juin 1859, à la tête de la 1ʳᵉ brigade de la division des grenadiers de la Garde impériale (zouaves et 1ᵉʳ grenadiers).

6

* *
*

Nommé divisionnaire le 15 avril 1850, Pélissier resta à Alger, comme gouverneur général par intérim, jusqu'au coup d'Etat de 1851. C'est alors qu'il compléta, par une campagne aussi prompte que bien menée, dans la Kabylie orientale, l'audacieuse et trop hasardeuse tentative du général de Saint-Arnaud dans les Babors.

A cet effet, il réunit, le 7 mars 1851, sous les remparts à demi ruinés de Milah, 9,500 hommes de troupes, venus de différents points de la province d'Alger : zouaves, tirailleurs indigènes, chasseurs d'Orléans, légion étrangère, lés 8ᵉ et 9ᵉ de ligne, tous vieux routiers d'Afrique ; le 20ᵉ, qui vient de passer par la brèche de Rome. Le général de Saint-Arnaud en est le chef, ayant sous ses ordres le général de Luzy, plein d'une entraînante ardeur et le général Bosquet, dont la calme et belle figure réfléchit si bien la vigueur de l'âme et l'élévation du caractère.

En trois mois, toute la Kabylie orientale était soumise, malgré les chaleurs, des fatigues sans cesse renaissantes, et, le 18 juillet, Saint-Arnaud, considérant sa mission comme terminée, disloquait ses troupes, et rentrait à Constantine.

Les travaux de la paix vont succéder aux glorieux labeurs de la guerre. Pélissier en profita pour instituer *la fête anniversaire, religieuse et militaire* du débarquement de l'armée française à Sidi-Ferruch. Qu'est-elle devenue cette fête, maintenant que tout ce qui touche à la religion est battu en brèche? Il prescrivit la messe *militaire officielle*, dans toutes les garnisons de l'Algérie, car il sait bien, ce vaillant sans peur et sans reproche, que la prospérité matérielle de la colonie ne peut se développer que par l'extension du culte catholique, et que, même aux yeux des Musulmans, un peuple sans croyance est un peuple dont il est facile de venir à bout.

Sur ces entrefaites, le Prince-Président sondait les officiers généraux et supérieurs pour connaître leur opinion sur le coup de force qu'il méditait, comme préface du rétablissement de l'empire. Pélissier, pressenti comme les autres généraux, ne cacha pas qu'il préférait un régime fort, autoritaire à celui d'une république parlementaire, sans consistance et mal vue à l'étranger. Mais dès qu'il comprit le concours qu'on désirait de lui, il déclina toutes les offres de service du Prince-Président, déclarant qu'il voulait « rester soldat et ne pas être autre chose ». Il laissa donc les ambitieux graviter autour de l'astre naissant, conquérir sans scrupules, politiquement, des bâtons de maréchaux à Paris, pendant que lui gouvernerait l'Algérie jusqu'à ce qu'on lui enlevât son beau commandement.

Le coup d'Etat de 1851 fut connu à Alger le 7 décembre ; le 10, il apprenait qu'il était nommé grand'croix de la Légion d'honneur et qu'il eût à céder son poste au maréchal Randon, nommé gouverneur général à sa place.

Pélissier reçut son successeur avec tous les honneurs qui lui étaient dus, et alla reprendre le commandement de la province d'Oran, dont il n'était détaché que momentanément.

Son intérim à Alger avait duré près de deux ans.

Le sentiment du devoir poussé jusqu'à sa dernière limite a fait souvent taxer Pélissier d'une dureté exagérée. Il n'était que juste, mais aussi impitoyable pour toute infraction aux règlements qui mettait la discipline en péril.

Au commencement de l'année 1851, un commandant et un capitaine avaient accepté de dénigrer un général dans une correspondance anonyme publiée à Marseille. Pélissier fit une enquête, découvrit le nom des deux délinquants, les fit mettre en cellule au fort l'Empereur, dénonça leur action, dans un ordre du jour, comme *attentatoire à l'honneur et au devoir*, et déclara qu'il avait demandé au Ministre de la guerre le maximum *de la pénalité inscrite dans les règlements.*

Une autre fois, — c'était la même année, — le général Blangini, qui commandant la division d'Alger, édictait un ordre très sévère au sujet de la négligence de la tenue des officiers pendant les chaleurs ; il prévenait toutes les troupes de la garnison que les officiers de place avaient le devoir de prendre note rigoureuse des délinquants rencontrés en ville, la tunique déboutonnée, dans une tenue débraillée... Cet ordre était rédigé de telle sorte qu'on eût pu croire qu'il s'agissait de la répression d'un crime.

Pélissier reçut la copie de cet ordre des mains de son camarade.

« — Le rappel aux officiers de la tenue réglementaire est très nécessaire en ce moment-ci, ajouta ce dernier. Je serai impitoyable, j'ai déclaré au colonel Vanbedeghem, qui commande la place, que je donnerai moi-même l'exemple.

« — Bien... Très bien ! » reprit le gouverneur général.

Le soir même, sur la *place du Gouvernement*, en dépit d'une chaleur étouffante, car on était au mois de juillet. On ne voyait qu'officiers de zouaves, boutonnés, sanglés et gantés, comme s'ils allaient au bal. Les officiers de place circulaient, les revers rouges de leur tunique étalés à la Robespierre, en guise de service.

Survient le général Blangini, se promenant lui aussi en tenue correcte, causant avec des amis, s'arrêtant de temps à autre pour écouter la musique des zouaves.

« — Quelle étuve ! On cuit littéralement, dit-il à son voisin. » Puis, machinalement, il déboutonna son spencer.

Un adjudant de place, — un de ces *verts de gris* que nous avons vu si souvent à Lyon, sous le commandement de Castellane, — se dressa tout à coup devant le général, un carnet à la main :

« — Désolé, mon général... Tenue incorrecte... Ordre de la division. »

Et il salua militairement en verbalisant contre l'auteur même de l'arrêté en question.

A ce moment-là, Pélissier débouchait à l'autre extrémité de la place. Instruit de ce qui s'était passé par le rapport du lendemain matin, il ne put qu'en rire sous cape, tout en infligeant trois jours d'arrêts de rigueur au délinquant, pris dans ses propres filets.

Le général Blangini se le tint pour dit et ne chercha plus à vexer dorénavant toute une garnison, dont les officiers étaient coupables de se promener la tunique ouverte par le haut, laissant voir un simple nœud de cravate.

*
* *

La légende des grottes du Dahra commençait à se confondre avec d'autres épisodes de la guerre d'Afrique, tout aussi tragiques, lorsque survint un nouveau chérif, Mohamed-ben-Abdallah, qui, réfugié à Laghouat, tentait d'armer le fanatisme des Arabes du Sud.

Le général Yussuf, une des physionomies les plus brillantes de notre histoire militaire en Afrique, essaya vainement de comprimer la sédition. Dès que le général Pélissier apprit ce qui se passait, il se mit en marche d'El-Abiod, le 26 novembre 1852, parcourut avec ses troupes cinquante lieues en six jours, au milieu d'un pays où l'esprit des populations et les difficultés du sol font obstacle à chaque pas.

Le 2 décembre, il opérait sa jonction avec le général Yussuf. Cette marche rappelle certainement les marches des guerres du premier Empire. Le 3, Pélissier faisait la reconnaissance de la place.

Ici quelques mots de description pour faire connaître l'oasis qu'il s'agit d'enlever aux tribus dissidentes du Sud.

** **

PRISE DE LAGHOUAT : *7 septembre* - 10 *décembre* 1852. — La ville est bâtie sur l'Ouâd-Mzi qui, plus loin, devient l'Ouâd-Dji. De distance en distance, cette rivière disparaît sous terre, absorbée par les sables, pour ressortir bien au-delà lorsqu'elle rencontre un banc de rochers qui élève le niveau de l'eau à hauteur du sol.

El-Aghouat, pour nous servir de la prononciation arabe, est à cent lieues d'Alger. La ville proprement dite est au centre d'une oasis de 2,300 palmiers. L'Ouâd-Mzi partage l'oasis en deux parties sud et nord, assises l'une et l'autre sur deux mamelons de peu d'étendue.

Depuis plusieurs mois, le sud de l'Algérie était troublé par des querelles entre Arabes qui dégénéraient le plus souvent en une insurrection partielle. L'oasis d'El-Aghouat, au sud de la province d'Alger, était ainsi devenue un foyer de discussions permanentes, entre les *Hallaf* et les *Serrin* que soutenait ouvertement le chérif d'Ouargla, Mohamed-ben-Abdallah. Pour y mettre un terme, Ben-Salem et son descendant, le cheick Ali, avaient en vain demandé l'investiture d'El-Aghouat, pour empêcher les nomades du Ksel et du Djebel-Amour, les Larbaas de l'est et de l'ouest, d'acheter des grains sur nos marchés du Tell, pour les revendre ensuite aux dissidents qui affluaient dans la contrée.

El-Aghouat se développe sur une arête rocheuse marquée par trois pitons pierreux séparés par un col assez large d'un quatrième mamelon, sur lequel se profilait la blanche silhouette du marabout de Sidi-el-Hadj-Aïssa. A cette époque, les première et troisième éminences étaient fortifiées chacune d'une tour, précédée de remparts, tandis que celle intermédiaire était couronnée par une vaste construction en maçonnerie, sans fenêtres, domicile ordinaire des Ben-Salem et nommée *Dar-Sfah* (*maison du rocher*). Cette maison partage la ville en deux parties autrefois ennemies : le quartier des Hallaf, à l'est et celui des Ouled-Serrin, à l'ouest.

Le ksar considéré en lui-même ne présentait pas de rues bien tracées : c'était une succession de ruelles, d'impasses, de corridors quelquefois voûtés, ou formés de maisons en briques séchées au soleil. Au milieu de ce labyrinthe, il n'y avait que deux rues à peu près droites; mais le pavé y était raboteux, inégal, dallé de roches glissantes, presque partout à fleur de terre. De distance en distance, quelques noirs palmiers balançaient leurs aigrettes, au-dessus des terrasses.

Pour enlever ces hautes murailles, il fallait une batterie de brèche ; elle fut construite par ordre de Pélissier, dans la nuit du 3 au 4 décembre. Elle commença le feu à sept heures du matin. En trois heures la brèche était ouverte. L'assaut pouvait être donné le soir même. Il n'eut lieu cependant que le 10 décembre, par suite de préparatifs reconnus nécessaires pour une réussite complète.

Chaque maison était une petite forteresse sur laquelle il fallut grimper. Une fois sur les terrasses, nos hommes bondissent à l'intérieur, tuant tout ce qu'ils rencontrent... On se bat dans les ruelles, dans les couloirs, partout où peut se loger un fantassin... Chaque coin a sa victime.

Le soir, 2,300 morts jonchaient le sol, barricadant les ruelles, ou s'étageant dans les maisons.

Et depuis, El-Aghouat est devenue Laghouat, une de nos perles du Sud algérien. Sur le mamelon du nord-est a été bâti le fort Morand; le Dar-Sfah a été transformé en un hôpital fortifié (le fort Bouscarein) ; une caserne du nom de Bessierre a été bâtie au pied du troisième mamelon. Grâce aux efforts persévérants d'un officier de valeur, le lieutenant Margueritte (1), du 1er chasseurs d'Afrique, c'est aujourd'hui une grande et belle ville (pour le pays bien entendu); un grand centre politique et commercial susceptible de frapper l'imagination des Sahariens, de lui donner une preuve de notre puissance. Au moment de notre prise de possession, la ville d'El-Aghouat comprenait environ quatre cents maisons construites en mottes de terres cuites au soleil; les rues, comme celles de toutes les villes du Sud, étaient étroites, tortueuses et excessivement malpropres.

---

(1) Tué depuis, comme général de brigade en 1870, pendant la charge héroïque de la brigade de chasseurs d'Afrique, sur le plateau de Balan.

Aujourd'hui, l'hôtel du commandant supérieur,
sur la place Randon, est entouré de galeries qui
donnent, en été, une fraîcheur relative ; le cercle
militaire est tout à côté ; derrière lui s'étend un
vaste et beau jardin, dans lequel les officiers

Vue de Laghouat.

élèvent de superbes autruches. Le bazar des
Mozabites surmonté d'un clocheton renfermant
l'horloge de la ville ; le pavillon du génie : loge-
ment des officiers et bureau ; le bureau arabe :
habitation des officiers et dépendances ; les bains
maures, construits par une association des Caïds
des Ouled-Nagh ; le bazar Cheick-Ali construit à

ses frais, sont entourés d'arcades et forment les autres faces de la place Randon qui a ainsi un cachet d'élégance, que n'ont pas certainement nos villes d'Europe, en raison de la magnifique végétation de l'oasis que l'on entrevoit par des échappées ménagées entre chaque construction. La place elle-même est plantée de magnifiques palmiers et entourée d'une balustrade à jour d'un très bel effet.

La maison des Sœurs de Saint-Vincent-de-Paul occupe l'angle sud-est de la place Randon.

Les deux rues principales, Pélissier et Camou, ont été élargies et bâties de maisons à façades françaises. Les indigènes eux-mêmes se sont piqués d'émulation ; ils ont crépi leurs maisons, enduit leurs terrasses au sable et à la chaux.

Un monument en dit plus long sur la puissance d'un peuple, que les écrits ou des discours facilement oubliés. C'est dans cet ordre d'idées que le lieutenant Margueritte fit ériger à El-Aghouat, une très belle église destinée à faire échec aux Musulmans qui s'étaient cotisés pour la construction d'une mosquée au sommet de la ville.

Dans ces pays brûlés par le soleil, l'eau est sans contredit le bien le plus précieux, car c'est la source de toute fortune. Depuis 1854, les deux oasis nord et sud sont arrosées par deux canaux de dérivation qui vont prendre l'eau de l'Ouâd-

Mzi à Ral-el-Aïoun (*la tête des fontaines*), à environ huit kilomètres, en amont de la ville. Le canal qui se rend dans l'oasis sud, alimente la ville en la traversant.

** **

Cette campagne, admirablement menée, place Pélissier au nombre des plus braves généraux de l'Europe. Un officier de spahis nous dépeint ainsi l'impression que lui produisit le général, le soir de la prise de Laghouat :

« Lorsque le feu eut cessé, nos escadrons rejoints par les pelotons de sabreurs étaient en bataille à la sortie de l'oasis, lorsque nous aperçûmes Pélissier regagnant à cheval le camp de l'infanterie. Quelques cavaliers porteurs de drapeaux arabes, pris dans la kasbah, le précédaient. La vue de ces glorieux trophées m'électrisa... Mais lui, impassible, maître de lui au point de ne rien laisser paraître sur son visage de bronze des rudes émotions du combat, ni de la joie du triomphe, passait au galop, sans même détourner la tête, comme s'il revenait simplement de la parade ; cet homme, en ce moment, prit à mes yeux les proportions auxquelles il devait atteindre plus tard, dans la fameuse lutte qui arrosa de tant de sang le plateau de la Chersonèse. » La bravoure militaire n'est pas la même chez tous les officiers. Bourbaki allait à l'assaut en bottes vernies, gants paille et badine à la main. Pélissier lui est brave sans en avoir l'air. Il causait au général Bouscarein, quand celui-ci fut tué par une balle partie des jardins de l'oasis.

Trois mois après la prise de Laghouat, dont le siège avait été si habilement et si vigoureusement conduit par Pélissier, le général Randon présidait le 11 février 1853, à l'investiture du khalifa Si-Hamza et des hommes qui, dans la nouvelle organisation indigène, devaient être placés à la tête des populations définitivement soumises. Le maréchal Randon, gouverneur général, est assisté de Pélissier, du colonel Durieu, chef des affaires indigènes d'Alger, et de l'interprète A'mrân (1), le chef du bureau arabe de Tiharet.

Cette investiture de Si-Hamza (2) et des chefs qui l'accompagnent mérite d'être signalée. Les troupes sont disposées en carré, sur la place d'armes, l'infanterie et la cavalerie forment trois des faces, les candidats à l'investiture composent la quatrième. Préalablement, Pélissier, suivant un usage consacré par lui, a fait couper deux palmiers qu'il a fait ensuite ajuster en forme de croix et placer au sommet d'une haute construc-

---

(1) A'mrân-Darmou, né à Oran, attaché comme interprète à la subdivision de Maskara ; décoré de la Légion d'honneur pour sa brillante conduite au siège de Laghouat. Le général Bouscaren a dit de lui : « A'mrân est le type des interprètes de guerre. »

(2) Mort à Alger, le 21 août 1861.

tion arabe, montrant ainsi que le signe de la rédemption, dans les cérémonies officielles, suit toujours notre drapeau.

Au moment de l'investiture, le canon tonne, les clairons sonnent, les tambours battent aux champs ; les troupes présentent les armes. Puis,

avant de procéder à l'investiture, le maréchal Randon harangue les députations venues pour assister à la cérémonie ; il leur montre l'ère nouvelle qui s'ouvre pour leurs villes et pour leurs tribus, les engage à se souvenir du sort d'El-Aghouat qui serait infailliblement le leur, si elles oubliaient la fidélité que désormais elles doivent à la France. Chaque candidat après avoir prêté serment entre les mains du gouverneur, est revêtu du burnous écarlate, insigne du commandement.

Aujourd'hui, lorsqu'on arrive à Laghouat, venant de Boghar, joli petit village arabe gracieusement perché sur les flancs d'un rocher abrupt, on chemine le long d'une allée de saules pleureurs, au-dessous desquels coule un ruisseau vert tendre faisant contraste avec la masse sombre des palmiers.

Au centre de l'oasis s'élèvent deux petites collines de sable qui, n'étant pas atteintes par les eaux, sont restées stériles et jaunâtres. Sur l'une a été bâti l'hôpital laissant apercevoir un morceau de ciel bleu, au travers des arcades mauresques de l'édifice.

Plus bas, autour d'une place carrée taillée dans le bois de palmiers, on a construit l'église, le bureau arabe, la maison du commandement. Les palmiers se partagent le reste de l'oasis ; autour des troncs grimpent des vignes entrelacées, courant de branche en branche, dans un pittoresque désordre.

Je viens de parler de l'église de Laghouat, il m'est bien permis de compléter ma pensée. Dans toutes nos colonies, — en Afrique comme ailleurs — l'église, c'est la patrie : c'est de là que part le patriotisme, ce sentiment humain, au-dessus duquel plane tout ce qui nous vient de l'âme, et s'élève jusqu'au ciel, patrie dernière de ceux qui ont su aimer et souffrir ici-bas.

Un homme qui a marqué dans la littérature et dans la politique, un croyant très éclairé, M. de Bonald, a dit : « La religion chrétienne est la première et la seule qui ait pris soin de toutes les faiblesses de l'humanité ; cela seul a changé le monde, et c'est le sens de cette parole des livres saints : *Emitte spiritum tuum, et renovabis faciem terræ.* »

CHAPITRE IV

La Crimée.

U moment de l'ouverture de la campagne de Crimée, Pélissier était certainement un des généraux les plus capables du second Empire. L'opinion militaire à l'étranger, comme aussi ses collègues dans l'armée, le désignaient comme devant occuper un des hauts commandements qui ont été depuis dévolus à des officiers généraux qui ne le valaient certes pas, sous plusieurs rapports.

Mais il avait la franchise acerbe, et montrait une insouciance telle en haut lieu que son mérite incontestable passa inaperçu au nouveau César que la France s'était choisi. L'empereur se lança donc dans la guerre d'Orient, persuadé qu'une campagne courte et brillante, exécutée par de vieux soldats, avec quelques généraux solides, entraînants comme Bosquet, Canrobert, le prince

Napoléon et Forey, suffirait pour venir à bout de la Russie, conquérir la paix sur le Danube, et poser devant l'Europe le prestige militaire du nouvel empire.

Napoléon III se trompait du tout au tout. Le maréchal de Saint-Arnaud, chargé du commandement en chef, reçut quatre divisions qui arrivèrent en Turquie par petits paquets et furent décimées par le choléra et le typhus, avant d'avoir pu commencer les opérations et joindre l'ennemi.

Ce n'est qu'au mois d'août 1854 que l'Angleterre suggéra l'idée d'attaquer les Russes par les oreilles, en cherchant à détruire, en Crimée, la place forte sur laquelle ils fondaient leur domination dans la mer Noire. Le port de Sébastopol, une fois enlevé, c'était la ruine de leurs ressources d'armement contre Constantinople.

Nous ne ferons pas ici l'historique des débuts de cette campagne ; ce serait sortir du cadre que nous nous sommes imposé dans ce livre ; nous n'avons pas à indiquer les détails de cette guerre ainsi transformée : le débarquement à Old-Fort le 14 septembre ; la brillante victoire de l'Alma, le 20 ; la mort douloureuse du maréchal de Saint-Arnaud quelques jours après son triomphe, le 29, à bord du *Bertholet* ; l'investissement de Sébastopol, le 7 octobre et nos attaques d'abord repoussées ; le merveilleux talent de Todtleben achevant de fortifier l'immense forteresse sous nos yeux ;

l'héroïsme des matelots russes dans la mer Noire sous des amiraux tels que Taufiloff, Estomine, Korniloff, Nakhimoff ; l'intrépide armée de

Napoléon III.

Menschikoff en lutte contre les élans intrépides de nos soldats passés sous le commandement de Canrobert ; le dévouement hardi de nos marins débarqués et amenant leurs gros canons sous les murs de la place ; la sanglante bataille d'Inkermann (5 novembre) où l'armée anglaise battue nous dut son salut ; l'ouragan du 14 ; l'hiver glacial dans des tranchées couvertes de neige ; le développement prodigieux des renforts et des ressources de l'assiégeant; la mort de Nicolas Ier et le printemps de 1855, retrouvant en présence les Russes contre les Français, les Anglais, les Sardes et les Turcs, sans que le résultat du siège se fut prononcé, dans un sens ou dans l'autre... Nous ne raconterons pas non plus le découragement de Canrobert pris entre les exigences de sa conscience de soldat, les réclamations de ses collègues mal impressionnés par un siège qui semblait s'éterniser, et aspirant à le remplacer ; les plans étranges qui lui arrivaient tout façonnés du cabinet des Tuileries... Tout cela a été raconté mainte et mainte fois...

C'est Pélissier qui va porter le coup décisif à la forteresse de Sébastopol. Arrivons de suite à lui.

***

Le colonel Lebrun, chef d'état-major de la troisième division de l'armée d'Orient (division Mac-Mahon), raconte ainsi un entretien qu'il eut à Paris avec Pélissier au début de la guerre de Crimée.

« Au mois de janvier 1854, le général Pélissier se trouvait à Paris, où il était venu d'Oran, pour prendre part, avec les autres généraux de division, au classement des officiers d'infanterie proposés pour l'avancement. Or, le 7 janvier 1854, comme j'entrais dans les salons du café d'Orsay pour y déjeuner, j'y trouvais le général qui se mettait à table pour y prendre, lui aussi, son repas habituel.

Dès que je l'eus salué :

« — Asseyez-vous donc là, me dit-il, en face de moi ; nous déjeunerons ensemble et nous causerons. »

Puis tout à coup, quand je me suis assis :

« — Quel est donc ce monsieur qui est là-bas, me dit-il, à cette table placée près de la lumière ? »

Au même instant, la personne visée s'étant aperçue que le général la désignait, se leva pour venir le saluer.

C'était le général Canrobert.

Et comme tout d'abord, le général Pélissier ne le reconnaissait pas et le regardait d'un air étonné :

« — Est-ce que vous ne me reconnaissez pas ? lui demanda-t-il.

« — Ah ! si ; maintenant je vous reconnais ; c'est qu'à vos cheveux qui sont devenus très longs, je vous avais pris pour un savant. »

Les deux généraux échangèrent alors une poignée de main et le général Pélissier félicita son collègue du commandement d'une division qu'on venait de lui donner, à l'armée d'Orient.

Avant que le général Canrobert se fut éloigné pour aller reprendre la place qu'il avait quittée à sa table :

« — Il est bien heureux, celui-là, me dit le général Pélissier ; on lui a donné une des quatre divisions qui partent pour l'Orient ; on n'a pas cru devoir penser à moi ; mais il faudra bien qu'on y vienne. Les trois divisions qui s'en vont, seront bientôt suivies de plusieurs autres (1). »

Dix mois après, Pélissier était appelé en Crimée, au commandement du 1er corps d'armée qui venait d'être créé, quatre autres divisions étant venues s'ajouter aux quatre premières, avec une réserve de huit nouvelles brigades. Trois mois plus tard, le 19 mai 1855, il remplacera le général Canrobert à la tête de l'armée française.

Au moment où Pélissier arrive en Crimée, il a soixante et un ans. L'ensemble de sa stature rappelait assez bien celle que l'historien prête à Duguesclin et à Jean Bart, à la différence de l'obésité qui commençait à venir. La tête était un peu forte et garnie entièrement de cheveux blancs, coupés très courts, le front haut et large, le nez avait de l'ampleur à la base, de la rondeur vers les ailes. Les lèvres un peu épaisses, surmontées

(1) *Souvenirs de Crimée*. Général Lebrun.

d'une moustache taillée en brosse, laissaient apercevoir au-dessous d'elles une très petite impériale. Les épaules étaient larges et carrées, la poitrine

Canrobert en 1855, d'après un portrait de l'époque.

fortement bombée, le buste long, la cuisse courte très arrondie et peu faite pour l'exercice du cheval.

Eu égard à cette conformation, l'activité cor-

porelle de Pélissier laissait à désirer, mais, dans
la direction des affaires militaires, son activité
d'esprit était incomparable. De là, l'immense confiance qu'il inspirait à ceux qui servaient sous ses
ordres. Peu d'hommes de guerre réunissaient au
même degré que Pélissier, l'extérieur et les qualités du commandement.

*
* *

Une lettre close que Pélissier portait sur lui, au
moment de son départ pour la Crimée, lui réser-
vait la succession de Canrobert, s'il venait à donner
sa démission que différentes raisons faisaient pres-
sentir déjà.

« Il nous faut un Souwaroff », avait dit le maréchal Vaillant, ministre de la guerre, devant les
insubordinations grandissantes des généraux de
l'armée de Crimée, et l'empereur avait répondu :
« Prenez Pélissier. » Assurément au point de vue
des services et de l'expérience de la guerre,
Pélissier tenait le premier rang parmi nos généraux depuis bien des années, mais la nature de
son esprit le prédisposait à la causticité, ce qui
ne laissait pas que de lui faire des ennemis. On
admirait ses aptitudes remarquables pour le commandement, mais il se montrait parfois très rude
de langage pour ceux qu'il estimait ; on redoutait
ses rebuffades. Il avait deux qualités qui reste-

ront comme un phénomène de l'histoire : le coup d'œil de Napoléon Ier et une puissance de volonté telle qu'il abordait de front des obstacles réputés comme insurmontables, sans jamais douter du succès.

En Crimée, son ennemi le plus terrible n'était pas l'ennemi, mais le cabinet des Tuileries dont les plans étaient inspirés par son homme de confiance, le général Niel, aide de camp de l'empereur ; c'était aussi le général Bosquet qui traversait ses plans, comme il avait gêné ceux de Canrobert ; puis venaient le duc de Cambridge et le parti militaire de Londres qui échafaudaient combinaison sur combinaison, les faisaient accepter aux Tuileries, de sorte que l'empereur, à coups de télégraphes, en ordonnait l'exécution coûte que coûte.

Ici donnons une courte description des lieux sur lesquels l'armée alliée combat, on comprendra mieux le plan mis à exécution par Pélissier pour venir à bout de Sébastopol.

La partie sud-ouest de la Crimée forme un plateau stérile de quelques lieues, compris entre la mer et la rivière de la Tchernaïa qui se jette à l'ouest dans un estuaire de sept kilomètres de long, sur 1,200 de large en moyenne. Ce plateau strié de golfes profonds, c'est la Chersonèse. Sébastopol est assis en pente légère sur son revers nord, de manière à former une rade, à l'entrée de la baie de Tchernaïa.

Un port intérieur, agrandi par la main des hommes, pénètre du nord au sud, divise la ville en deux parties : *la ville* à l'ouest, le faubourg de *Karabelnaïa* à l'est.

Au nord de la rade, un gigantesque ouvrage, dit *front du nord*, communique avec la ville par son pont ingénieusement jeté sur les mâtures d'une ligne de vaisseaux coulés. Une autre ligne soutenue par des forteresses en granit dites de *la Quarantaine*, les *forts Paul* et *Alexandre*, rend la rade inabordable aux escadres alliées. Elles ont essayé vainement de la forcer au début du siège.

Ne pouvant se diviser en deux parties, car l'armée russe de Menschikoff tient la campagne à quelques kilomètres et communique avec la ville, tous les jours, si elle le veut, l'armée alliée a investi Sébastopol, occupé le plateau et les golfes de la Chersonèse.

Or les deux gouvernements français et anglais voulaient qu'on investit même la rade avec ses treize kilomètres de pourtour, puis le front fortifié du nord et qu'on livrât des batailles en rase campagne, à l'armée russe de secours. Il y avait là des impossibilités matérielles dont le cabinet des Tuileries ne se rendait pas compte. Nos troupes étaient arrivées devant Sébastopol sans savoir que la place n'était pas fortifiée au sud. Nous avions ouvert la tranchée à 1,500 mètres de la ville ; ce que voyant, le général Todtleben s'était empressé d'opposer à nos attaques, à nos parallèles, des lignes de contrevallation. Nous cheminions sur la place, la place cheminait sur nous. Malakoff, mauvaise tour en ruine située sur un mamelon, devint ainsi un ouvrage redoutable. Il fallait enlever de vive force le petit Gibraltar de cet autre Toulon, si on voulait faire tomber Sébastopol.

Dès que Pélissier arrive en Crimée, son coup d'œil a bien vite découvert le côté défectueux du plan combiné par les ingénieurs en chambre qui constituaient l'entourage de l'empereur. « L'investissement complet de la place est impossible, — écrit-il au maréchal Vaillant, — il suffit d'isoler les Russes en Crimée, en détruisant leurs magasins, au sud de la presqu'île ; ceci fait, il faut continuer le siège en enlevant Malakoff. »

*
* *

Devenu commandant du 1ᵉʳ corps (9 avril 1855), Pélissier donne une vigueur nouvelle aux attaques qui sont devant les lignes qu'il occupe ; il repousse les Russes blottis dans leurs ouvrages extérieurs ; il creuse par les explosions et la mine, la grande parallèle du sud (15 avril) en face du bastion du Mât, enlève d'un coup de main la redoute Schwartz qui devient notre quatrième parallèle (24-26 avril). Il resserre l'ennemi et pousse ses attaques jusqu'à soixante mètres des remparts de la place. En ce moment, il semble qu'on arrive par des efforts successifs à attaquer les véritables objectifs du siège : le *Mamelon Vert* et la tour Malakoff.

*
* *

AFFAIRE DU 2 MAI. — Aux attaques de gauche, communément appelées *vieux siège*, le 1ᵉʳ corps (général Pélissier) cheminait péniblement depuis deux mois dans un sol rocailleux et difficile à entamer avec la pioche. Dans la nuit du 25 au 26 avril, les Russes, avec une audace inouïe, étaient venus établir une ligne d'embuscade, à 200 mètres en avant du bastion central, c'est-à-dire à 150 mètres de notre parallèle la plus avancée sur ce point.

Il fallait en débusquer l'ennemi ; dans ce but, Pélissier demanda l'autorisation à Canrobert, d'enlever cet ouvrage qui s'agrandissait chaque jour et menaçait nos approches. Le général de Salles reçut donc l'ordre de s'en emparer dans la nuit du 1ᵉʳ au 2 mai. Cette opération parfaitement conduite rejeta les défenseurs jusque dans les fossés du bastion central. Nos troupes retournèrent immédiatement les fossés de cette gabionnade contre Sébastopol, s'y blottirent, et lorsque le jour apparut, le lendemain, un boyau de communication d'environ trois cents mètres reliait à nos parallèles cet ouvrage qui, commencé par les Russes et terminé par nous, prit à partir de ce jour le nom *d'ouvrage du 2 mai.*

Prévoyant une sortie de l'ennemi, Pélissier avait fait renforcer dans la matinée du 2, les troupes de garde dans les tranchées. Le 1er bataillon du 1er voltigeurs (commandant Roques) reçut l'ordre, à cet effet, de servir de soutien et d'appuyer, en cas d'attaque, les compagnies du 98e chargées de garder cet ouvrage, et que commande le chef de bataillon Grémion que nous retrouverons aux voltigeurs de la Garde, au mois de juillet prochain. Dans ce but, les 2e et 3e compagnies (capitaines Genty et Anglade), sont disposées à l'abri dans la parallèle, ayant en soutien les 1re et 4e compagnies placées dans les tranchées plus en arrière.

Vers trois heures de l'après-midi, les Russes font une brusque sortie sur nos travaux, pour chercher à nous déloger de la position que nous occupons. Une colonne évaluée à 2,000 hommes, précédée de 200 volontaires, choisis, sort du bastion central, s'élance au pas de course, sur l'ouvrage du 2 mai, que nous gardons avec un seul bataillon ; ses volontaires sautent par-dessus la gabionnade, et abordent à la baïonnette le bataillon du 98ᵉ. Nos batteries tirent d'écharpe, font subir à l'ennemi des pertes sensibles, arrêtent son élan, mais il tient toujours.

C'est alors qu'apparaît le commandant Roques, qui a gravi les gradins qui donnent accès au sommet de la parallèle. A son appel, officiers et voltigeurs sautent par-dessus l'épaulement qui les couvre, et s'élancent à travers champs, au secours du 98ᵉ, malgré la mitraille que font pleuvoir les canons du bastion central. Ce mouvement en avant fait reculer l'ennemi qui par deux fois revient à la charge et est repoussé deux fois par les nôtres qui en poursuivent les débris jusqu'au bord du fossé de l'enceinte.

Le sous-lieutenant Jacquelot de Montcetz sauve la vie à un de ses caporaux désarmés et entraînés par les Russes ; il se précipite sur ses agresseurs, le sabre en main, et se fait blesser en ramenant le prisonnier dans nos lignes.

Ce combat ne dura que quelques instants ; nos pertes n'en furent pas moins sensibles (trois officiers blessés : le capitaine Genty, le lieutenant Cambot, le sous-lieutenant Jacquelot de Montcetz et un voltigeur tué) ; l'artillerie du bastion central, n'avait pas cessé pendant toute l'action de faire pleuvoir sur ces vaillants, boulets, bombes, obus et mitraille.

Les choses en étaient là, lorsque tout à coup un ordre général du 19 mai annonçait à l'armée française que, sur sa demande, Canrobert quittait le commandement en chef, pour reprendre celui de la division d'infanterie qui avait été sous ses ordres, au début de la guerre, et que le commandement en chef passait de ses mains dans celles de Pélissier.

A cette date lord Raglan était en rupture complète avec l'état-major général de l'armée française. Conformément aux propositions de Niel, devenu commandant en chef du génie, en remplacement de Bizot tué d'une balle russe le 21 avril, pendant qu'il visitait les tranchées anglaises, Napoléon III avait projeté « l'investissement total de Sébastopol par le nord et par le sud » ; ce qui eut demandé un renfort de troupes, au moins du double, et nous obligeait à une guerre en rase campagne, où les Anglais et les Turcs auraient eu certainement le désavantage, en raison de leur infériorité numérique. Canrobert ne pouvait évidemment abandonner le siège, pour risquer une bataille en dehors, dans des conditions de succès incertaines : gagnée, elle avançait peu les affaires du siège ; perdue, elle nous mettait à dos la garnison de Sébastopol, et dans ce cas, c'était l'anéantissement complet de notre armée.

Pour interrompre les ravitaillements que Sébastopol tirait de ses magasins de la mer d'Azof, une grande expédition venait d'être résolue sur la demande de lord Raglan, avec les divisions

Brown (Anglais) et d'Autemarre d'Ervilliers (Français). Elle avait pour mission de s'emparer de Kertch, de détruire tous les magasins et vaisseaux de la mer d'Azof, pour ne laisser à l'ennemi que la voie de Pérekof, très pénible, fort longue et que nous pouvions couper par le corps d'observation laissé à Eupatoria (général d'Allonville). Rien n'était plus juste et plus nécessaire.

L'expédition, arrivée en vue de Kertch, fut subitement rappelée par un ordre télégraphique, direct et impérieux de l'empereur. De là une rupture complète entre lord Raglan qui menaça de se réembarquer avec son armée et Canrobert qui donna sa démission (1).

Devenu généralissime, Pélissier fit reprendre l'expédition sur Kertch, ordonna à la flotte de détruire tous les magasins du sud des armées russes, de bombarder leurs dépôts et leurs forts, de façon à mettre leurs armées d'observation à la discrétion de notre corps d'Eupatoria.

Le 19 mai, une flottille composée de bâtiments anglais et français portant dix mille hommes de troupes de débarquement, partait de Kamiesch, se dirigeant vers l'est. Le 24, elle entrait dans le détroit d'Ienikalé, autrefois le Bosphore Cimmérien, qui fait communiquer la mer Noire à la mer d'Azof. Les troupes alliées s'emparèrent,

(1) *Les Contemporains.* P. de Hazel.

presque sans coup férir de Kertch, l'ancienne
Panticapée et de Ienikalé, capturèrent plusieurs
bâtiments marchands richement chargés, ainsi
que plusieurs vaisseaux russes armés de cinquante
canons. Les bâtiments à vapeur des alliés entrè-
rent ensuite dans la mer d'Azof, et la parcourant
en tous sens, détruisirent les pêcheries, les magasins et tous les objets d'approvisionnement que
le gouvernement russe avait amassé sur plusieurs
points des rivages de cette mer, pour ravitailler
son armée de Crimée.

Cette expédition fut certainement une des plus
importantes de la campagne, tant par le résultat,
que par le peu de sang qu'elle nous a coûté. Non
seulement, elle privait l'armée russe d'un de ses
principaux moyens de ravitaillement ; mais elle
anéantissait le commerce d'une grande partie de
la Russie méridionale, et notamment des vallées
du Don et du Volga. Le coup s'en fit sentir même
jusqu'à Kasan et Nijni-Novogorod, dans l'intérieur de la Russie.

Pélissier, à cette occasion, n'en fut pas moins
assailli de reproches par le cabinet des Tuileries ;
il resta inébranlable, sut triompher de tous les
obstacles amoncelés autour de lui, et ce fut très
heureux pour l'issue du siège, car les événements,
depuis, se sont chargés de démontrer qu'entre ses
contradicteurs de Paris et lui, les conceptions

intelligentes et les combinaisons sagement étudiées étaient véritablement de son côté.

Aux observations malencontreuses adressées des Tuileries, Pélissier répond froidement :

« J'ai repris l'opération sur Kertch ; je l'ai ordonnée parce que je la crois bonne. »

Plus tard, sommé par l'empereur de se soumettre au plan de Niel, Pélissier répond au ministre de la guerre : « Le général Niel est mon subordonné, je n'ai pas à me soumettre à ses plans... Si je n'exécute pas les intentions de Sa Majesté, c'est que l'application du plan qu'on me propose ne m'a pas paru sans dangers... »

Pour Pélissier la clef qui devait lui ouvrir la porte de Sébastopol était la prise d'assaut de l'ouvrage, qui, dans le corps de la place et par suite de l'élévation naturelle du terrain sur lequel il avait été construit, dominait toutes les défenses qui constituaient l'enceinte de la forteresse. Cet ouvrage était la vieille tour de Malakoff. En conséquence, « il avait arrêté dans son esprit que, désormais, dans les attaques dirigées contre la place assiégée, les plus grands efforts auraient pour objectif l'ouvrage dont il s'agit (1). » Les troupes attendaient ce moment avec impatience ; leur attente dura jusqu'au 7 juin, jour où s'ef-

(1) Général Lebrun.

fectua la sanglante et mémorable affaire qui prépara la chute de Sébastopol.

* *

En lutte avec Bosquet qui le desservait malheureusement, en pourparlers aigre-doux avec tout son clan d'officiers que blessaient sa brève rudesse et sa fermeté autoritaire, Pélissier mit tout le monde au pas et n'en continua pas moins son œuvre qui était, pour les attaques de droite, de porter en avant les travaux de tranchée, de manière à les faire arriver jusqu'au bord du fossé de l'enceinte derrière lequel s'élevait le point saillant de Malakoff, pendant que les attaques de gauche se développaient, de façon à retenir, de ce côté, la plus grande partie de la garnison de Sébastopol.

* *

Combat de nuit du 22 au 23 mai. — Les Russes avaient enveloppé par une ligne d'embuscades toute la croupe de hauteurs qui séparent le ravin du *Cimetière* de celui de la *Quarantaine*. Ces ouvrages de contre-approche auxquels ils avaient donné un grand développement et qui s'appuyaient au cimetière de Sébastopol, constituaient un immense camp retranché, relié à l'enceinte de la place par un long boyau communiquant avec la lunette située sur la face droite

du bastion central ; de sorte que l'ennemi menaçait la gauche de nos lignes, sur lesquelles il avait
des vues d'écharpe très dangereuses.

Le général de Salles reçut de Pélissier des
ordres en conséquence, et confia la direction de
cette opération, qui devait être tentée pendant la
nuit du 22 au 23 mai, au meilleur de ses lieutenants, le général Pâté, auquel on donna pour
l'exécuter huit bataillons d'infanterie de 400
hommes chacun, trois compagnies de chasseurs
et les compagnies d'élite du 1er étranger.

Pendant que les Russes travaillent à leurs
embuscades, nous avions, de notre côté, creusé,
pendant la nuit du 21 au 22 mai, un cheminement
de 115 mètres de développement, du côté du
cimetière, chacun des deux partis ignorant le travail exécuté par son adversaire. Aussi quand à
l'aube, on reconnut l'importance des résultats
obtenus de chaque côté, assiégés et assiégeants
ouvrirent de part et d'autre un feu des plus violents qui dura toute la journée du 22 mai.

C'est dans ces conditions que s'engage le combat
de nuit du 22 au 23 mai. L'heure une fois bien
fixée (neuf heures du soir), le général La Motterouge va trouver le général Pâté, pour discuter
avec lui toutes les chances possibles de l'attaque
projetée.

« — Je compte sur vous, — dit ce dernier à son
collègue, en lui tendant la main, avant de se

séparer, — n'est-ce pas, général, que vous réussirez? »

Ce à quoi, le bouillant La Motterouge répond :

« — Je ne puis répondre que de mon zèle et de mon énergie ; car avec les obstacles que nous aurons à vaincre, on ne peut guère répondre que de son courage et de son exemple. »

Vers huit heures et demie du soir, les troupes sont disposées dans les emplacements qu'elles doivent occuper pour se lancer à l'assaut de l'ouvrage à enlever. Le canon gronde sur tous les points : il semble que les roulements que l'on entend, annoncent l'approche de l'ange terrible, touchant de ses ailes étendues dans la nuit, ces hommes qui s'apprêtent à mourir pour une cause qui n'est pas la leur. Le combat n'est pas engagé que déjà au-dessus du parapet des tranchées dans lesquelles ils se tiennent, le boulet exécute la série de ses bonds désordonnés, que l'obus s'abat lourdement sur le sol, venant s'y briser et jaillir en mille éclats. L'air se remplit de mugissements, tandis que la terre reçoit de terribles meurtrissures. Parfois ce bruit funèbre se ralentit, mais pour se faire entendre plus déchirant et plus terrible encore, un instant après.

A neuf heures précises, nos batteries cependant cessent leur tir ; nos colonnes s'élancent à l'assaut. Celle de gauche se jette sur la partie de la gabionnade située au-dessus de la Quarantaine, en chasse l'ennemi qui n'y fait qu'une faible résistance, et s'y maintient malgré plusieurs retours offensifs ; mais il n'en est pas de même de la colonne de droite qui rencontre de ce côté une vive résistance et y soutient un combat des plus acharnés.

Les six compagnies de la légion formées au pied des gradins de franchissement faisant face à l'angle du cimetière ont franchi le parapet au signal donné par La Motterouge, se sont élancées sur les embuscades. Aussitôt le 2e bataillon du 28e s'est jeté dans l'ouverture pratiquée dans les tranchées, près du cimetière, en longe extérieurement le mur et a pris position dans la gabionnade, pendant que le 1er bataillon du même régiment, longeant le mur intérieurement, s'est massé en réserve dans la partie évacuée par l'ennemi. Les deux bataillons du 18e ont remplacé le 28e dans la partie de la tranchée située entre la batterie 14 et le cimetière, et les *deux bataillons des voltigeurs de la Garde* se sont avancés jusque dans les tranchées qui vont depuis *l'ouvrage du 2 mai* jusqu'au cimetière, entre la batterie 14 et l'angle du sud du cimetière.

Les avant-postes russes surpris par nos légionnaires ont reculé sur leurs réserves. Mais bientôt les capitaines Bonneton et Tourre (1) de la légion

(1) Mort depuis, comme colonel du 2e zouaves, dans un incendie à Mexico (1864).

viennent prévenir La Motterouge que des forces ennemies considérables se montrent dans l'obscurité, et que des renforts sont absolument nécessaires, si on veut se maintenir sur le terrain conquis. Le bruit des tambours, le son rauque des clairons russes, la multiplicité des hourrahs de l'ennemi et le redoublement de la mousqueterie, l'indiquent assez : ce sont quatre bataillons du régiment de Podolie, soutenus par deux autres bataillons en réserve, qui s'avancent contre nous, baïonnette croisée. Nos troupes reculent et n'ont pu qu'envahir le saillant du retranchement russe qui fait face au cimetière.

A ce moment, la lune est dans son plein ; son disque d'acier uni comme un miroir dissipe le voile gris-perle qui l'enveloppe, et sa face d'argent souriante, éclaire les combattants dont les ombres s'allongent dans la plaine. C'est un avantage pour un combat de nuit. Le commandant de Cargouet du 18e n'hésite pas, il franchit le parapet à la tête de quatre compagnies et vole plutôt qu'il ne court, au secours des troupes engagées.

Le combat devient intense et se poursuit de part et d'autre, avec une vigueur extrême. Le pétillement de la fusillade, le sifflement des boulets, l'éclat des obus, dominant tout cela le cri de *En avant ! En avant !* poussé par des chefs héroïques auxquels les Russes répondent par des hourrahs non moins frénétiques. Quel spectacle pour des soldats, au milieu de la nuit, et qui iront à leur tour prendre part à cet ouragan de fer et de feu !

Sur toute la ligne, ce n'est qu'une masse confuse qui s'aborde à la baïonnette et dont les clameurs et les bruits sont indescriptibles. Français et Russes rivalisent d'ardeur et de courage ; on est poitrine contre poitrine ; l'épaisse fumée qui se dégage de cette tuerie pâlit les rayons de la lune, et la batterie 43 élevée récemment pour contre-battre les batteries du lazaret, tonne si violemment contre tous les ouvrages de la place, que les Russes sont rejetés pour la seconde fois hors de leurs positions.

Il est dix heures du soir seulement, et le combat doit durer toute la nuit.

Vers une heure du matin, nouvelle attaque des Russes qui cette fois abordent nos lignes sur tous les points à la fois, tâtant toute la circonférence du plateau, surtout à l'angle ouest du cimetière et vis-à-vis la batterie n° 14, où il lui semble trouver moins de résistance là qu'ailleurs ; ils prennent une offensive opiniâtre, en quelque sorte désespérée, essayant de couper nos lignes, de tourner notre droite, et nous prendre entre deux feux. Mais *les voltigeurs de la Garde* sont là. Il faut environ vingt minutes pour parvenir à l'entrée du boyau de cheminement du cimetière. Nos soldats parcourent cet espace au pas de course, tête baissée, se jettent dans la tranchée de communication, s'y arrêtent un instant pour prendre haleine, puis reprennent leur course, atteignent la quatrième parallèle qui fait face au front de la place. Les voltigeurs en franchissent l'épaulement, se couchent à terre, au fur et à mesure qu'ils en sortent, s'avancent en rampant, sous une grêle de mitraille, jusqu'au pied du talus de l'ouvrage, sans avoir tiré un seul coup de fusil. Parvenus en cet endroit, ils se lèvent, sous les baïonnettes russes, puis, s'aidant des mains et des épaules, ils renversent dans l'intérieur de l'ouvrage les gabions qui tombent sur les défenseurs, en les ensevelissant.

Une trouée s'est faite : un jeune lieutenant, Boscary, du 2ᵉ voltigeurs, entraîne sa compagnie, et là, dans la nuit, au milieu d'un fracas effroyable, alors que l'air et la terre semblent bouleversés, s'engage une lutte acharnée, une lutte corps à corps, sans trêve ni merci, que la plume de l'écrivain est impuissante à décrire.

Les voltigeurs paient leur bienvenue d'un torrent de sang. Boulatigny, nommé lieutenant-colonel au 19ᵉ de ligne depuis le 2 mai dernier, n'appartenait plus au 1ᵉʳ voltigeurs. Non encore remplacé, il a voulu partager les périls de ses anciens camarades, et remplir encore à leur tête, des fonctions qu'il n'a plus depuis quelques jours.

Il est des noms qui s'immortalisent par un seul fait d'armes. De ce nombre sont le lieutenant-colonel Boulatigny et le commandant d'Anthès qui, ramené les deux cuisses brisées par la mitraille, doivent l'un et l'autre mourir des suites de leurs blessures ; Boulatigny surtout qui a un bras emporté, la jambe et la hanche gauche labourées. Jeune par le rang qu'il occupait, doux, d'un cœur loyal et chevaleresque sous une grande sobriété de formes et de paroles, il eût été appelé à un brillant avenir si la mort n'était pas venue le frapper au moment où il touchait au but. Au 1er voltigeurs le capitaine Genty, autre modèle de vaillance, se fait tuer cette nuit-là, en entraînant ses hommes au plus fort de la mêlée. Le brave capitaine Chicard, les lieutenants Cambot, Parant, et le sous-lieutenant Brondel, percé de cinq coups de baïonnette, sont dorénavant perdus pour l'armée. Le sous-lieutenant de Sommyèvre reste le seul officier de sa compagnie ; ses vêtements sont en lambeaux ; le sergent Jantrelle voit tous ses officiers tomber les uns après les autres ; il prend le commandement de sa compagnie, et dirige le combat corps à corps. Renversé et entraîné par deux Russes, il se défend à coups de crosse, et s'échappe de leurs mains. Neuf officiers sont blessés dont trois très grièvement : les sous-lieutenants Boussand, Fariau et d'Hincourt.

Quant à la troupe, elle compte 266 hommes mis hors de combat dont 80 tués.

Semblables au flux et au reflux d'une mer en courroux, trois fois les Russes sont repoussés ; trois fois, ils reviennent à la charge et pénètrent dans l'ouvrage, opposant chaque fois aux envahisseurs une résistance héroïque.

Les Russes cèdent enfin et s'éloignent. Serait-ce parce qu'ils s'avouent vaincus ? Pas encore. Tout n'est pas fini ; le feu de l'artillerie ennemie décime nos vaillants soldats.

En ce moment un voltigeur du 2e régiment nommé Beaupoil, s'offre au capitaine Borel pour être envoyé en reconnaissance à hauteur des embuscades, vis-à-vis du cimetière et s'assurer si l'ennemi s'éloignait, ou s'il était en force dans les environs. Le hasard veut que cet homme courageux tombe dans un pli de terrain derrière lequel s'est abrité l'ennemi. Comme d'Assas, il n'a que le temps de s'écrier : «A moi les voltigeurs, ce sont les Russes ! » Et il tombe percé de coups de baïonnettes. En vérité La Tour d'Auvergne n'eut pas mieux fait.

Pendant ce combat de nuit qui durait encore à quatre heures du matin, le lieutenant-colonel Guérin, du génie, vint sur le théâtre de l'action, avec ses travailleurs, afin de relier nos tranchées aux embuscades conquises. Mais les terres avaient été tellement bouleversées par l'acharnement des combattants qu'il reconnut bientôt l'impossibilité de retourner contre la place les logements russes, et les gabionnades parallèles au mur du cimetière, tellement le parapet offrait peu de résistance sur certains points. Dans ces conditions, se maintenir sur le terrain conquis, sous le feu écrasant de la forteresse, c'eût été prodiguer inutilement le sang de nos soldats. On évacua la place d'armes comme l'aube blanchissait, éclairant d'une pâle lueur les cadavres que cette scène de carnage laissait après elle.

La nuit fut employée à se fortifier, malgré un feu d'artillerie et de mousqueterie des plus violents qui, parti de l'enceinte de la ville, fit pleuvoir sur nos travailleurs une grêle de projectiles.

La possession de cet important ouvrage empêchait dorénavant toute tentative de l'ennemi, contre la gauche de nos attaques; de là, nous enfilions les ravins ; nous avions une base d'opération formidable sur les attaques de la Quarantaine, du Bastion central et du Mât ; nous étions maîtres d'un point dominant tout le terrain.

On releva les parapets pendant la matinée du 24 ; puis à une heure et demie, suspension d'armes pour ensevelir les morts et relever les blessés qui n'avaient pu l'être pendant la nuit.

A la suite de cette affaire, l'ordre général n° 59, de l'armée d'Orient, s'exprime ainsi : « Je cite « avec orgueil les corps qui ont pris part dans cette

« lutte où ils ont combattu un contre plusieurs
« avec une solidité, un élan que n'ont pu décon-
« certer ni les clameurs de l'ennemi, ni ses masses
« de plus en plus profondes, ni le feu redoublé de
« sa mousqueterie et de sa mitraille ; ce sont les
« 1er et 2e voltigeurs de la Garde impériale, les
« 14e, 18e, 28e, 46e, 84e et 98e.

« Honneur à eux ! L'effet moral a dépassé nos
« espérances. Des renseignements certains et qui
« s'accordent avec les chiffres des morts que
« l'ennemi, — sur sa demande, — est venu re-
« cueillir sous nos yeux, m'apprennent que ses
« pertes ont été quadruples des nôtres, et ont
« donné pour lui, à ce double combat, les propor-
« tions d'une grande bataille perdue. »

Signé : « PÉLISSIER. »

ATTAQUE DU MAMELON VERT : 7 *juin*. — La prise
du Mamelon Vert est certainement l'un des plus
brillants épisodes du siège de Sébastopol. Il
s'agissait de s'emparer, à la droite de nos attaques,
des ouvrages appelés par nous *ouvrages blancs*
(redoutes de Valhynie et de Schlinghisk) ; au
centre, en avant de Malakoff, d'enlever le *Mamelon Vert* (redoute de Kamtchaka), que dans
huit jours nous appellerons la redoute Brancion,

pendant que de leur côté, à notre gauche, les Anglais se rendraient maîtres de l'ouvrage dit *des Carrières*, situé en avant du Grand Redan. Ce n'est qu'après avoir chassé les Russes de ces trois ouvrages, que nous pouvions continuer les cheminements et établir, près du fossé de Malakoff, les places d'armes nécessaires pour y abriter nos troupes, lorsque serait venu le moment de l'assaut.

Chacune de ces attaques était séparée de l'autre par un ravin aux berges escarpées et rocheuses : celle des *ouvrages blancs* était séparée de l'attaque sur Malakoff par le ravin du Carénage, et l'attaque Malakoff de l'attaque anglaise par le ravin de Karabelnaïa. Ces ravins avaient l'inconvénient d'isoler les attaques ; mais leurs parties couvertes permettaient au général en chef d'y placer de nombreuses et puissantes réserves à l'abri du feu de l'ennemi.

L'attaque fut préparée par un bombardement très violent qui, commencé dans la journée du 6, se continua pendant la matinée du 7, de façon à entourer la place d'un cercle de feu.

L'heure de l'attaque est fixée à dix heures du matin, parce que cette heure est celle choisie par les défenseurs pour leur déjeuner habituel, et que les parapets, pendant ce premier repas, sont moins bien gardés qu'à d'autres heures de la journée. En conséquence, la division Mayran (brigades Lavarande et de Failly) reçut l'ordre d'attaquer par escalade les ouvrages blancs, ayant en réserve les troupes de la division Dulac ; pendant que la division Camou attaquerait le Mamelon Vert, appuyée par la division Brunet et deux bataillons de la garde impériale (bataillon Peyssard, du 1er *grenadiers*, et bataillon Baudinet, du *régiment de gendarmerie à pied*).

On se passionne à la guerre, même pour les faits les plus futiles en apparence, quand on s'intéresse au succès de nos armes. Mellinet s'est rendu de sa personne à la batterie Lancastre, espèce de plateau entouré de gabions et ainsi nommé parce que les Anglais y avaient établi, il y a quelques mois, des canons à longue portée, dont ils voulaient faire l'essai sur Malakoff. De là, l'œil embrasse, dans son ensemble, tout le terrain sur lequel le combat va se livrer.

Tout à coup une fusée traverse l'air, c'est le signal convenu. La brigade de Lavarande a 200 mètres à parcourir sous des feux de mitraille et de mousqueterie ; elle les franchit au pas de course, sans désordre, et pénètre dans la batterie russe par les embrasures et les brèches. La brigade de Failly se précipite avec le même élan sur l'ouvrage dit du 22 *février* ; la distance est double, le trajet plus difficile, les feux de flanc très meurtriers ; rien n'arrête nos troupes, qui arrivent en masse compacte sur la batterie, escaladent le parapet sous un feu roulant, et brisent, jusque dans l'intérieur de l'ouvrage, la résistance désespérée de l'ennemi.

« — Tiens, dit Mellinet en se retournant vers Kieffer, son aide de camp, les pantalons rouges sont à peine partis que les voilà déjà dans la redoute. »

Se figure-t-on bien ce qu'éprouvait en ce moment cet intrépide général, qui devait, quelques jours après, se faire blesser, pour l'œuvre qui le passionnait. Assis sur les gabions qui l'entouraient, sa figure rayonnait d'enthousiasme ; son âme se livrait à toutes les émotions d'un plaisir militaire et d'une véritable joie patriotique.

Cette attaque avait donc été merveilleusement préparée et conduite ; le succès était complet et les bataillons du général Mayran n'avaient essuyé que de très faibles pertes en tués et blessés.

Mais alors se renouvelle cette impétuosité qui est une force de l'infanterie française. Nos hommes, portés pour ainsi dire par le souffle du canon qui leur donne des ailes, dépassent le but, poursuivent les Russes dans la direction de Malakoff, qui s'élevait devant eux comme une provocation héroïque défiant leur valeur, au milieu de la fumée qui l'enveloppait. Mais cette action valeureuse tourna mal. Repoussées par une colonne russe, sortie de Sébastopol pour porter secours aux défenseurs des redoutes, nos troupes durent se replier, perdant un assez grand nombre d'hommes en tués et blessés, et se borner à se maintenir dans les ouvrages conquis.

Du côté du Mamelon Vert, le général Camou n'enleva pas la *redoute de Kamtchaka* aussi facilement que le général Mayran avait enlevé les *ouvrages blancs*. Là aussi, il arriva à nos bataillons ce qui arrive si souvent chez nous, aux pensées et aux hommes, quand on aperçoit le but et qu'on veut aller au delà de la chose convenue. L'élan fut tel que nos soldats ne firent qu'une station du lieu où ils devaient s'arrêter, et arrivèrent en pleine course jusqu'au bord du fossé de la tour Malakoff, où il n'est aucun moyen de descendre. C'est en vain que le clairon sonne la retraite. Accueillies par une décharge d'artillerie et de mousqueterie, dont chaque coup porte, fouettées par une grêle de balles, coupées par des boulets, fauchées par la mitraille, nos troupes regagnent le Mamelon Vert, qu'elles n'auraient pas dû dépasser, poursuivies par les Russes, qui y entrent en même temps qu'elles.

Mais l'ennemi ne se rend pas compte de ces élans qui font de notre nation une réunion d'hommes indomptés, un seul être, une seule âme. Nos colonnes se reforment à l'abri des réserves, qui sont venues les recueillir et les appuyer, et tous, grenadiers et gendarmes de la garde en tête, se précipitent une seconde fois sur l'obstacle qu'elles ont déjà emporté, mais qu'une audace téméraire leur a seule fait perdre. Nos soldats retrouvent alors, augmentée par la douleur et la colère d'un revers, l'impétuosité du premier assaut, parcourent de nouveau cette route marquée de leur sang, et où soufflent la mort et la mitraille, où les obus éclatent entre des cadavres, et arrivent à la redoute ; c'est un véritable orage humain lancé contre un orage de fer. Après huit heures de luttes continuelles et acharnées, les Russes sont chassés de leurs positions où notre drapeau flotte enfin, pour être désormais une menace contre Malakoff.

Les gendarmes à pied eurent, dans cette journée du 7 juin, 6 officiers et 136 hommes de troupes mis hors de combat (tués et blessés). Ce fut la première et la dernière affaire à laquelle ils assistèrent. Beaucoup parmi eux étaient mariés ; l'Etat dut se charger de payer des pensions aux veuves et aux orphelins. Ces pertes affectèrent douloureusement le Ministre de la guerre et le commandant en chef de l'armée de Crimée, bien plus que celles d'un autre régiment. Peu après, le colonel de Prénonville reçut l'ordre de ramener ses gendarmes à Kamiesch, et de là à Constantinople, où ils étaient certainement plus utiles pour la surveillance des camps que comme troupes de combat.

On les remplaça aux attaques de droite par

la brigade de voltigeurs, que le général Pélissier
fit camper dans le ravin de Karabelnaïa, pour

Mon Général, ne restez pas ici (page 134).

servir de réserve à la division Mayran (3ᵉ) du
corps Bosquet (2ᵉ) dans l'attaque projetée sur
Malakoff.

Mais avant de continuer nos récits, donnons ici un souvenir de sympathie à deux chefs aimés et dont les noms nous viennent à la mémoire, le général de Lavarande et le colonel Brancion, tous deux morts sur la brèche, tous deux pleins d'ardeur, de verve et d'entrain, aimant la guerre pour la guerre, comme certains artistes aiment leur art.

Le 8 juin, vers dix heures du matin, Lavarande se trouvait debout au milieu de la redoute dont il s'était emparé la veille, écoutant la lecture d'une dépêche que lui envoyait le colonel Lebrun, chef d'état-major de la division Mayran, par l'intermédiaire du capitaine d'état-major Doë de Maindreville.

« — Mon général, lui dit tout à coup celui-ci en interrompant sa lecture, ne restez pas ici. Cette embrasure devant laquelle vous vous tenez est à tout instant enfilée par les boulets.

« — Bah ! répond Lavarande, j'en suis encore à attendre ma première balle ».

Et il ne se déplaça pas. Au même instant, un boulet, passant par l'embrasure, le frappait en pleine poitrine, lui broyant toute la partie supérieure du corps. Le général de Lavarande, esprit chevaleresque et privilégié qu'aucun obstacle ne rebutait, était l'un des généraux les plus jeunes et les plus distingués de l'armée française. de cette époque, et, le 14 juin, pour honorer sa mémoire, ainsi que celle du colonel Brancion, le général Pélissier décidait que les deux redoutes où ces deux officiers avaient été tués porteraient à l'avenir les noms de : redoute *Lavarande* et redoute *Brancion*.

Assaut du 18 juin 1855. — La facilité relative avec laquelle le 2ᵉ corps s'était rendu maître des ouvrages blancs et du Mamelon Vert, le 7 juin, avait enflammé l'ardeur de nos officiers et enhardi l'assiégeant : « Depuis que nous occupons ces deux positions, disaient ces officiers, tout le terrain qui se trouve entre nos tranchées avancées de Malakoff n'est plus défendu sérieusement par les Russes. Une fois lancées vers ce fossé, nos colonnes d'attaque ne rencontreront aucun obstacle qui put les arrêter ; il n'y a qu'à montrer de l'audace, et nous réussirons. »

Pélissier se laissa gagner par le langage de ces officiers, et ordonna, pour le 18 juin, l'attaque du faubourg de Karabelnaïa. Le général Bosquet, avec quatre divisions d'infanterie et toute sa cavalerie, devait faire une diversion dans la vallée de la Tchernaïa et s'opposer à tout mouvement de l'armée russe de secours. Pendant que les Italiens et les Turcs opéreraient une démonstration du côté d'Aïn-Tudor, nous devions attaquer le front de Malakoff, dont nous étions encore à plus de 400 mètres depuis l'occupation des ouvrages Lavarande et la redoute Brancion. De leur côté, les Anglais devaient donner l'assaut au Grand Redan, dont ils n'étaient séparés que par une distance de 250 mètres.

Les dernières dispositions sont prises pendant la nuit. Les Anglais se chargent de forcer le Grand Redan ; trois divisions françaises doivent être engagées contre les ouvrages de Malakoff : les divisions Brunet et Mayran, du 2ᵉ corps ; la division d'Antemarre, du 1ᵉʳ ; *la division de la garde* forme la réserve générale des trois attaques et est massée en arrière de la redoute Victoria.

La division Mayran, qui a la droite des attaques, doit emporter les retranchements qui s'étendent de la batterie à la pointe du Redan-Carénage.

La division Brunet doit tourner Malakoff par la droite.

La division d'Antemarre doit manœuvrer par la gauche de cet important ouvrage.

La mission du général Mayran était difficile ; sa 1ʳᵉ brigade (colonel Saurin, du 3ᵉ zouaves) devait sortir du ravin du Carénage au point où se trouve l'aqueduc, longer la berge gauche du ravin, en se défilant le plus possible des feux des lignes ennemies, et tourner par la gorge la batterie de la pointe ; sa 2e brigade (général de Failly) devait faire effort sur la droite du Redan du Carénage. Cette division était pourvue de tous les moyens d'escalade nécessaires et avait en réserve *deux bataillons du* 1er *voltigeurs de la garde*.

La division Brunet avait une de ces brigades en avant et à droite de la redoute *Brancion* (Mamelon Vert) ; l'autre dans la parallèle en arrière et à droite de cette redoute.

Une disposition analogue avait été prise pour la division d'Antemarre ; la brigade Niel, en avant et à gauche de la redoute Brancion ; la brigade Breton, dans la parallèle, en arrière.

Deux batteries d'artillerie, pouvant se manœuvrer à la bricole, étaient lacées en arrière de la redoute Brancion, prêtes à se porter sur les positions de l'ennemi, si nous parvenions à nous en emparer.

La journée du 17 fut employée par nos batteries à couvrir de projectiles les ouvrages du faubourg et le faubourg lui-même. Les Russes ne répondirent que faiblement. Le soir, à la nuit close, nos travailleurs creusaient, dans la cinquième parallèle, des gradins de franchissement et des passages pour les pièces de campagne.

Les 2ᵉ et 3ᵉ bataillons du 1ᵉʳ voltigeurs (commandants Archinard et Farine), sous les ordres du colonel Boudville assisté du lieutenant-colonel Mangin, se portent, au milieu de la nuit, dans le ravin du Carénage, en arrière de la division Mayran.

Les trois attaques devaient s'exécuter au lever du jour, c'est-à-dire vers trois heures du matin. A l'aube, un chaud et brillant soleil écarte sans efforts les ombres transparentes d'une belle nuit d'été, mais, en même temps, il s'élève, du côté de la ville, une fusillade surpassant en étendue et en intensité toutes celles qui avaient retenti jusqu'à ce jour sur le plateau de Chersonèse. Cette fusillade était trop nourrie, trop opiniâtre, trop prolongée pour faire croire à une surprise. Pour comble de malheur, le général Mayran prit pour la fusée de signal une bombe à trace fusante lancée sur la ville par une de nos batteries et donna l'ordre aux troupes de sa division de s'élancer hors des tranchées. Ces deux brigades ne pouvaient être soutenues par les divisions Brunet et d'Antemarre, qui ne sortirent des parallèles que plus tard, au signal du général en chef, elles eurent à supporter tout le feu des assiégés qui, mis en garde sur nos projets, firent renforcer par de nombreux bataillons les défenseurs de cette partie de l'enceinte. Les Russes nous avaient attendus et s'entouraient de feux que tout le sang des nôtres ne pouvait éteindre. Bientôt l'artillerie s'en mêla, annonçant par son tir qu'elle s'était dégagée de notre étreinte, et reprenait l'espace autour d'elle.

L'attaque projetée était manquée.

En quelques minutes, la division Mayran fut écrasée de front par la mousqueterie et la mitraille de la place ; de flanc, par les feux du vaisseau *Vladimir*, embossé dans la rade, et à revers, par ceux des batteries établies de l'autre côté du port. A droite, la brigade Saurin, qui avait près de 800 mètres à parcourir, fut arrêtée à 300 mètres de la batterie de la pointe, qu'elle ne put tourner ; à gauche, la brigade de Failly fut arrêtée aussi et obligée de se reformer dans un pli de terrain, gagnant, par des bonds successifs, la ligne de trous de loup qui se trouvait près du fossé de l'enceinte. Là encore elle ne put tenir et fut forcée de reculer jusque dans le pli de terrain qu'elle venait de quitter et s'y rallia.

C'est alors que le colonel Boudville intervient avec le 1er *voltigeurs de la garde*. Dès les premiers pas, les rangs de la troupe sont fauchés par les feux croisés de la place et de la rade, et avant d'atteindre nos troupes de première ligne, plus d'un tiers des officiers et soldats sont mis hors de combat. A ce moment, la division Mayran se replie et cherche à gagner la parallèle la plus avancée pour s'y rallier. En y arrivant, le

général est mortellement atteint de deux biscaïens. De Failly prend le commandement de la
division. Le colonel Boudville, qui n'est pas loin,
fait enlever le corps du regretté général Mayran
pour le transporter en arrière, et lui-même
tombe à son tour, frappé coup sur coup de trois
biscaïens. Le sapeur Debs (1) emporte son chef
sous le feu de l'ennemi et se fait grièvement
blesser. Les commandants Archinard et Farine,
ainsi qu'une douzaine d'officiers, sont déjà plu
ou moins grièvement atteints.

Le lieutenant-colonel Mangin, resté seul debout
de tous les officiers supérieurs du 1er voltigeurs,
soutient, avec 300 voltigeurs ralliés autour de lui,
la retraite de la division Mayran, qui peut enfin
se retirer pêle-mêle dans les tranchées et se
mettre à l'abri.

Sur les autres points, les assauts des deux
autres divisions et des Anglais ne réussissent
pas mieux. En présence de ces insuccès, Pélissier
fait sonner la retraite et, à huit heures et demie,
les débris des quatre régiments de la division
Mayran ont gagné le fond du ravin du Carénage.

Le lieutenant-colonel Mangin commence alors
à battre en retraite avec ses voltigeurs, emportant chacun soit un blessé, soit le cadavre d'un
camarade, et ce n'est qu'à neuf heures et demie

(1) Médaillé le 14 septembre.

du soir que lui-même se retire, encadré par un peloton de sous-officiers qui veulent être les derniers à battre en retraite, mais face à l'ennemi.

Cet épisode ne rappelle-t-il pas en petit celui du maréchal Ney ?

Voilà comment se conduisait la Garde en Crimée !

Le 29 juillet, le colonel Boudville, blessé grièvement le 18 juin, mourait à l'ambulance, des suites d'une douloureuse amputation. La veille, Mellinet était venu le visiter à l'ambulance du quartier général où il avait été transporté. Le moribond se souleva avec ce sentiment de déférence militaire, particulièrement touchant dans la circonstance. Déjà il ne tenait plus à ce monde que par l'intérêt qu'il portait à l'œuvre pour laquelle il allait mourir.

Quelques jours après, on l'ensevelissait à quelque distance en arrière de l'ambulance, en face de ces tranchées où il avait si souvent erré, apportant à chacun une parole réconfortante.

Le canon de Sébastopol tonnait à ces émouvantes funérailles, ne mesurant pas ses coups, peut-être faisait-il de nouvelles victimes à l'heure même où le 1ᵉʳ voltigeurs conduisait le deuil. Autour de cette bière, qu'allait enfouir cette terre déjà gorgée de tant de morts, tout le 1ᵉʳ voltigeurs de la garde est là debout, regardant cette sombre ouverture où il faut que chacun de nous soit jeté à son tour, pour aller aux régions de la lumière.

Le général Mellinet prononça quelques paroles émues et toutes vibrantes de patriotisme, avant que se fasse entendre le bruit de cette dernière pelletée de terre, qui est elle-même d'une si terrible éloquence : il évoqua celui dont le cercueil était devant lui comme un hommage rendu par tous à une existence de devoir et de dévouement ; puis s'écria en terminant : « Dieu devait une telle mort à un homme pareil ; c'est la mort du soldat que chacun de nous doit ambitionner. »

Le colonel Boudville était aimé de ses officiers et de ses soldats ; sa mort causa dans le régiment qu'il commandait depuis sa création, une de ces tristesses rares dans ces moments où la mémoire est impuissante à retenir tous les noms de ceux qui succombent. Simple et bon, sa valeur sans faste, mais prodigue, lui avait conquis plus d'une affection qu'il ne soupçonnait certainement pas. Les voltigeurs qui creusaient sa fosse, ceux qui portaient sa bière avaient des pleurs dans les yeux.

Officier intelligent et intrépide, portant sur son visage les mâles qualités du soldat aimant son métier, il avait ce que le prince de Ligne appelle *une jolie bravoure*. Aussi pouvait-on lui appliquer ces paroles du poète : « Sa bienvenue sur cette terre lui riait dans les yeux. » Sur la tombe de ce vaillant, le 1ᵉʳ voltigeurs fit élever un mausolée portant cette inscription :

Le 1ᵉʳ régiment des Voltigeurs de la Garde impériale

A LA MÉMOIRE

Du brave colonel Boudville

*
* *

Nuit du 14 au 15 juillet 1855. — Depuis longtemps l'assiégé n'était sorti de son enceinte que pour faire reconnaître, par quelques hommes, nos travaux d'approche et surtout ceux du côté de Malakoff qui, à cette époque, consistaient en une forte gabionnade concentrant les carrières situées entre la redoute Brancion et la redoute Malakoff, de manière à former une ligne continue dont la droite était assurée du côté du ravin du Carénage par une grande place d'armes, et dont la gauche était défendue par les embuscades du ravin de Karabelnaïa. Une embuscade volante occupée seulement par quelques éclaireurs logés dans des trous attirait les feux de l'ennemi, à l'extrême gauche.

Cette ligne avait pour point central de défense la redoute Brancion, qui était occupée, à droite, par trois bataillons du 49ᵉ (lieutenant-colonel

Grangette), ayant en réserve le 4ᵉ chasseurs à pieds ; à gauche, par le 86ᵉ et un bataillon du 91ᵉ (colonel de Chabron) ; l'embuscade volante, par *quarante voltigeurs de la garde*, renforcés à la nuit par 200 hommes d'élite du 91ᵉ (commandant Tellier). Enfin, le ravin de Karabelnaïa était fortement occupé par un bataillon des 1ᵉʳ et 2ᵉ régiments de grenadiers de la garde (colonel d'Alton). Le général Uhrich était de garde de tranchées.

Le commencement de la nuit, qu'un ciel nuageux et l'absence de lune rendaient obscure, n'avait présenté rien de remarquable lorsque, vers une heure et demie du matin, une colonne russe, forte de cinq à six mille hommes, s'avança par le fond du ravin de Karabelnaïa, et déboucha sur l'embuscade volante. Nos éclaireurs se replièrent et vinrent donner l'éveil.

Reçu à bonne portée par un feu intense, l'ennemi ne put s'avancer sur nos ouvrages, malgré tous ses efforts, et dut se replier une heure après, écrasé par le tir de deux de nos batteries, emportant ses morts et ses blessés, mais abandonnant, en avant de notre gabionnade, des fusils, des effets d'équipement et cinq morts, parmi lesquels un officier.

Ces résultats, dit le rapport du général Pélissier, sont dus à la bravoure et à la fermeté des troupes, mais aussi aux excellentes dispositions prises par le général Uhrich, qui disposa ses grenadiers de façon à prendre les colonnes russes en flanc et à revers.

Le surlendemain, à la même heure, avait lieu une autre sortie, mais, cette fois, sur la droite de nos embuscades de droite occupées par une compagnie du 28ᵉ de ligne (capitaine Dufau) et une *compagnie des zouaves de la garde* (lieutenant Chazotte), soutenues en arrière par le reste du *régiment des zouaves de la garde*, massé aux Clochetons. Vainement les colonnes russes, que soutenaient de nombreuses réserves, se ruent sur les lignes françaises, ces deux compagnies montrent une fermeté inébranlable. Comme pour l'attaque de gauche, celles de nos batteries qui ont des vues favorables sur l'ennemi, contribuent au succès de cette seconde affaire, par l'intelligence et la précision de leur tir ; mais nos pertes n'en sont pas moins très importantes, eu égard au petit effectif des troupes engagées.

⁎
⁎ ⁎

ATTAQUE DE MALAKOFF, DE LA COURTINE ET DU REDAN DU CARÉNAGE (PETIT REDAN), 8 *septembre* 1855. — Le moment était venu de tenter une attaque de vive force sur tout le système de défense de Sébastopol, connu sous le nom de tour Malakoff-Courtine-Redan du Carénage-Montagnes Noires. Ces défenses s'élevaient depuis le ravin de Karabelnaïa jusqu'à la baie du Carénage, et étaient devenues l'objectif principal de nos attaques, depuis le jour où nous avions occupé le Mamelon Vert et les ouvrages blancs. Les opérations du siège de gauche étaient devenues secondaires en présence de la tour Malakoff, clef des positions russes ; en s'en emparant, on devenait maître de la ville en très peu de temps.

L'attaque du 18 juin, prouvait que ce n'était pas tout que de montrer du courage, de la bravoure ; mais qu'il fallait aussi arriver à temps, et en masse sur ces immenses ouvrages, et pour cela en être rapproché le plus possible, le jour de l'assaut. A cet effet, les travaux du génie, depuis cette époque, s'étaient multipliés et cela, malgré les obstacles de toute nature rencontrés sur le terrain, malgré les feux incessants de la plus formidable artillerie qui ait jamais été mise en jeu pour la défense d'une place de guerre.

Il y avait une revanche à prendre, il ne fallait pas tarder si on voulait réussir. « Notre artillerie, « dit le général de La Motterouge dans ses « mémoires, employait tous les moyens dont « elle pouvait disposer pour construire de nou- « velles batteries. Les pentes du *Mamelon Vert* « du côté de la place étaient hérissées de mortiers « et de pièces de gros calibre qui chaque jour

« portaient le carnage et la mort dans la ville et
« dans la garnison ; une nouvelle batterie de
« vingt à trente mortiers était en pleine voie de

La gorge de Malakoff.
(D'après le tableau de Yvon, au musée de Versailles.)

« construction dans la cinquième parallèle. La
« batterie 21 attaquait la flotte et le port de
« retraite des Russes sur la rade. »

Les boulets, dans les ravins de Sébastopol,

étaient devenus plus communs que les pierres sur lesquelles le pied heurtait, en se meurtrissant. Un brûlant amas de fer, lancé par la place, s'enfonçait en partie dans ses gorges profondes où l'on était sans cesse obligé d'errer.

Souvent l'explosion de nos mines, le feu de nos attaques, les décharges que nous envoyait la forteresse, produisaient un ouragan humain d'un aspect aussi formidable que les tempêtes envoyées par Dieu. Le sol tremblait, et le paysage entier, ce paysage sans arbres, sans maisons, ce royaume visible de la destruction était sillonné dans ces vastes espaces, par de tels éclairs que la vue en était aveuglée. Ces jours-là, le fer et la poudre se montraient dans la splendide horreur qui devait environner, aux âges bibliques, les anges chargés des colères célestes.

Parfois, au-dessus des nuages brûlants de fumée qui créaient dans l'ombre ce royaume des tempêtes, une lueur rapide étincelait. C'était une bombe ou un obus devançant par une explosion imprévue le terme de sa course.

La nuit, la scène était vraiment magique. Les bombes se croisaient dans l'air ; les grenades s'élançaient par bouquets ; l'on eût dit les jongleries d'un feu d'artifice... Qu'on se figure les boulets déchirant l'air de leurs sifflements aigus, les balles produisant un bruit semblable à celui des frelons, et au milieu de ces éclairs, de ces foudres, de ces détonations précipitées, ardentes, furieuses, les lignes de feu que projettent les obus lorsqu'ils enfilent le milieu d'une colline, ou contournent les aspérités d'un coteau. Les boulets vous frôlent alors l'oreille, les bombes vous brisent le tympan, en éclatant, et leurs nombreux éclats produisent en passant un bruit fauve qui agace les nerfs, pendant que les pots à feu éclairent le tout.

« En peu de temps, dit encore le général
« La Motterouge, nos têtes de sape étaient arri-
« vées à peu de distance des crêtes de Malakoff et
« du redan du Carénage ; vingt à trente mètres
« à peine nous séparaient des crêtes du fossé de
« l'enceinte de Sébastopol. On ne pouvait plus
« s'atteindre de part et d'autre, qu'avec les projec-
« tiles creux ; il ne restait plus pour arriver sur
« les saillants que les ouvrages souterrains contre-
« minant les abords du fossé, afin de déjouer les
« mines russes qu'on supposait établis dans la
« direction des ouvrages. Dès les premiers jours
« de septembre, nous avions construit une sep-
« tième parallèle dont les deux extrémités, par-
« tant l'une des abords du saillant de Malakoff,
« l'autre des abords du saillant du Redan-Caré-
« nage, atteignaient déjà un parcours de 120 à
« 140 mètres ; mais le terrain s'était trouvé si
« subitement rocailleux et si difficile qu'on dut
« y renoncer et s'arrêter avant d'avoir pu englo-

« ber dans nos lignes les trois tranchées de trous
« de loup couvrant le fossé de la courtine, sur
« presque tout son développement. Cette parallèle
« est donc restée inachevée, car le temps pressait,
« on la remplaça par deux places d'armes cons-
« truites à ses extrémités, de façon à défendre
« l'entrée de nos lignes, dans la partie du terrain
« s'étendant entre ces deux places d'armes, et qui
« formait un rentrant prononcé vers la sixième
« parallèle, à environ 300 mètres des fossés de la
« courtine.

« Le 3 septembre, La Motterouge fut informé
« par de Cissey, chef d'état-major de Bosquet,
« qu'il serait chargé, dans l'assaut qui se prépa-
« rait, d'enlever la courtine reliant Malakoff au
« petit Redan, flanqué à gauche par la division
« Mac-Mahon chargée d'enlever la tour Malakoff,
« à droite par la division Dulac qui devait s'em-
« parer du petit Redan.

« Le 7 septembre, Bosquet fit connaître que
« l'assaut aurait lieu le lendemain, à l'heure de
« midi, sur Malakoff-Courtine-Redan du Carénage ;
« que celui du Grand Redan serait livré par les
« Anglais, que celui du Bastion central et du
« bastion du Mât, dont serait chargée la division
« Levaillant, ne commencerait que lorsque le dra-
« peau tricolore flotterait sur Malakoff. Pour bien
« se faire comprendre, Bosquet déploya une carte
« et fit voir à chacun des généraux réunis sous sa

« tente, la mission qui lui était confiée par Pélis-
« sier. » La Motterouge devait établir sa première
brigade dans la parallèle inachevée dont nous
avons parlé ci-dessus, sa deuxième à 300 mètres
de la courtine de façon à relier la gorge du redan
Carénage (petit Redan) à la gorge Malakoff. Les
troupes de cette dernière brigade devaient se
cramponner aux parapets et donner la main à
gauche à la division Mac-Mahon, à droite à la
brigade Saint-Pol (division Dulac).

La Garde impériale est désignée pour servir de
réserve à ces trois divisions d'attaque ; elle est
ainsi répartie :

Grenadiers et voltigeurs (Mellinet) appuieront
la 5e division (La Motterouge).

Les zouaves de la Garde auxquels sera jointe
la brigade de Wimpfen (2e division du 1er corps)
soutiendront l'attaque de Mac-Mahon.

Les chasseurs à pied de la Garde sont en réserve
derrière la division Dulac.

Tous ces corps devaient partir de leur campement assez à temps, pour être à onze heures
précises sur les emplacements désignés.

Prévoyant que pendant l'action il serait nécessaire d'amener de l'artillerie de campagne sur le
terrain, pour pouvoir balayer les masses russes,
si elles venaient à la charge, pour s'emparer des
positions conquises, le général Beuret qui commandait l'artillerie fit masser les 6e, 9e batteries

des 2ᵉ et 10ᵉ régiments à onze heures, près de la batterie Lancastre, et le commandant du génie, général Frossard, fit ouvrir les parapets et les boyaux où elles devaient s'engager, pour arriver à leur poste de combat, puis des échelles munies de crampons aux deux extrémités et dont les barreaux étaient recouverts de planches, de façon à former un petit pont et faciliter le passage du fossé de la courtine. A cet effet, une compagnie de sapeurs accompagnée d'une escouade de sapeurs du génie devait être chargée du transport de ces échelles et marcher à hauteur des colonnes d'assaut, sous la direction d'un officier du génie.

Afin de tromper l'ennemi sur nos projets, nos batteries de brèche ont l'ordre de faire un feu des plus vifs, dès le point du jour, et de le continuer ainsi jusqu'à neuf heures ; puis de le reprendre à onze heures et demie, afin d'écraser les défenseurs de la forteresse, sous une pluie de projectiles, et enfin, quand les colonnes d'assaut se seront mises en marche, de tirer sous un angle plus ouvert, afin d'atteindre les réserves de l'ennemi.

Le 8 septembre, lorsque le jour se lève, le ciel est bleu, le soleil radieux, mais le vent qui vient de la rade, est tellement violent que la flotte qui devait faire une diversion, par une attaque sur les forts fermant l'ouverture de la rade, ne put quitter son mouillage et se vit paralysée pendant

La Motte-Rouge, sautant sur les premiers gradins, lève son épée en s'écriant : Première brigade, en avant ! (Page 154.)

toute la durée de la tempête. C'était un désavantage.

Depuis la Quarantaine jusqu'au Carénage, c'est

un embrasement général. Jamais tant de détonations ne se sont fait entendre ; jamais autant de pièces d'artillerie n'ont été opposées les unes aux autres. De notre côté, huit cents canons, obusiers ou mortiers portent la mort et l'incendie dans les ouvrages de Sébastopol, dont les défenses ne pouvaient résister longtemps à de pareils efforts, malgré l'armement prodigieux dont elles disposaient.

A onze heures et demie, La Motterouge prend sa montre et, debout contre le parapet, attend que la grande aiguille ait marqué midi. Le moment est grave et solennel. A part quelques hommes qui causent à voix basse, tout est silencieux dans les tranchées.

Enfin, l'aiguille marque midi ; on voit les zouaves de Mac-Mahon franchir les parapets. La Motterouge sautant sur les premiers gradins de franchissement, lève son épée, s'écriant : « *Première brigade, en avant ! Tambours et clairons, la charge !* » Le 4e bataillon de chasseurs à pied et le 86e de ligne s'ébranlent, Bourbaki en tête, et sont bientôt suivis par le 100e qui, sortant des carrières, franchit à son tour la sixième parallèle et appuie les trois bataillons de première ligne lancés sur l'ennemi et courant tête baissée. sur la Courtine. La Motterouge saute alors de l'autre côté de la sixième parallèle, et, l'épée haute, appelle à lui les 91e et 49e qui, réunis en une seule masse, courent sur la courtine, sous les ordres directs du général, et on n'est pas plutôt parti qu'on est maître du fossé de la courtine, dans lequel nos régiments s'abritent et prennent position.

Pendant que la 5e division courait en droite ligne sur la Courtine, la première sautait dans Malakoff.

Au petit Redan, la division Dulac a également chassé l'ennemi qui recule jusque dans le ravin qui donne accès dans les fossés, du côté de la ville. Mais soit trop d'ardeur des troupes, soit que la brigade Saint-Pol n'ait pas eu le soin d'occuper le petit Redan par un fort détachement, la 4e division se voit débordée par les réserves russes massées de ce côté et qui, voyant qu'elles n'avaient à faire qu'à des hommes essoufflés, les ramènent rapidement, pénètrent avec eux dans le petit Redan, s'y établissent en forces si considérables qu'il sera désormais impossible de conquérir ce point pendant le reste de la journée.

Ce mouvement en arrière oblige Bourbaki à se retirer vers la Courtine, pour ne pas être pris à revers par les feux de mousqueterie de l'ennemi.

Notre drapeau flotte sur Malakoff et sur la Courtine, mais l'assaut du petit Redan est manqué.

Il est une heure de l'après-midi.

C'est à ce moment que paraît le 1ᵉʳ voltigeurs de la Garde impériale que le lieutenant Mültzer était allé chercher pour rétablir le combat sur la Courtine que l'échec de la quatrième division a quelque peu ébranlé.

Le 1ᵉʳ voltigeurs de la Garde à l'assaut de la Courtine. — D'après les dispositions adoptées dans le plan général de l'attaque du 8 septembre, les grenadiers et les voltigeurs de la Garde placés sous les ordres de Mellinet, formaient deux brigades commandées par les généraux de Ponteves et de Failly.

Le bataillon Jeanningros avait été envoyé le 7 au matin, à la garde des tranchées, près de l'aqueduc de la baie du Carénage ; n'ayant pas été relevé dans la matinée du 8, le 1ᵉʳ bataillon seul se trouvait, le jour de l'assaut, à la réserve de la 5ᵉ division, avec les grenadiers, et le général Mellinet.

Ici nous citons textuellement le Journal de marche du 1ᵉʳ voltigeurs de la Garde :

« Le 8, à onze heures du matin, le 1ᵉʳ bataillon « de marche se trouve dans les 5ᵉ et 6ᵉ parallèles, « formant la tête de la colonne de la division de « la Garde (Mellinet) et le soutien de la 5ᵉ division « (de La Motterouge).

« A midi, les soldats de la ligne envahissent les « ouvrages ennemis, vont se loger dans les tra-

« verses de ces ouvrages ; mais à midi et quart,
« les Russes, un instant débordés, reprennent

Mellinet.

« l'offensive sur plusieurs points et la division
« La Motterouge écrasée par le feu des réserves
« de la Courtine, prise en flanc par l'artillerie du

« petit Redan, reste un moment indécise et n'ose
« poursuivre ses succès. Le revers de la Courtine
« commence à se dégarnir ; quelques minutes en-
« core, et l'ouvrage va peut-être nous échapper ;
« tout semble compromis, lorsque le cri de
« *Vive l'Empereur !* se fait entendre dans les airs,
« poussé par quatre cents poitrines haletantes,
« et domine un instant la voix du canon. C'est le
« 1er voltigeurs qui se lance en avant pour prendre
« part au drame glorieux qu'il a devant les yeux.
« La 5e division étonnée s'arrête ; elle reconnaît
« l'uniforme de la Garde ; elle sait qu'avec ces
« vieux soldats, dignes héritiers de ceux du pre-
« mier Empire, on marche toujours à la victoire ;
« elle court vers ce bataillon sacré, l'entoure, l'ac-
« clame, et bondissant sur la Courtine, cette masse
« d'héroïques soldats franchit de nouveau les
« lignes ennemies, s'empare des batteries russes,
« en tue les défenseurs et écrase les réserves
« ennemies dont les débris vont jeter l'épouvante
« dans Karabelnaïa.

« Ce fait d'armes si glorieux va couvrir de deuil
« le 1er bataillon de marche du 1er voltigeurs ;
« 300 mètres séparent la parallèle française de la
« Courtine russe ; il faut les franchir sous le feu
« de la Courtine, du petit Redan, des ouvrages
« Noirs, de la Maison en Croix et de la flotte. Le
« bataillon débouche à peine de la tranchée qu'il
« voit tomber le porte-aigle Le Lay, le capitaine

« Granderye frappé mortellement, le capitaine
« Fleury blessé, les sergents-majors Albarel et
« Sicard, le sergent Ilarü, les caporaux Schlup et
« Lemoine, ainsi que plusieurs voltigeurs. Arrivé
« à la Courtine, il perd encore le lieutenant
« Ferrus, frappé au cœur, le capitaine Laferrière,
« grièvement blessé, le sergent Rocq, les caporaux
« Lefebvre, Morigot et Klop, tués, ainsi qu'une
« trentaine de voltigeurs. Enfin, son colonel, le
« brave Montera, tombe, la jambe fracassée. En
« moins d'un mois, l'aigle du régiment va pour
« la deuxième fois se couvrir d'un lugubre crêpe·

« Le lieutenant-colonel de Montmarie prend le
« commandement ; le combat continue et s'étend
« au-delà de la Courtine, où commence une lutte
« corps à corps. Le lieutenant Daguillon est blessé
« d'un coup de sabre, en cherchant à s'emparer
« d'un officier russe ; le sous-lieutenant Riffaud a
« l'épaule brisée et tombe, en serrant encore dans
« ses mains la croix de la Légion d'honneur de
« son camarade Ferrus, tué, il y a quelques ins-
« tants ; le commandant Gerard est frappé de
« trois coups de feu, et ne s'éloigne qu'à regret
« du champ de bataille qu'il arrose de son sang.

« Il est trois heures de l'après-midi. La lutte
« corps à corps semble terminée ; mais tout fait
« craindre l'explosion des mines qui paraît immi-
« nente. Sur l'épaulement de la Courtine, le
« lieutenant-colonel de Montmarie, aidé du com-

« mandant Grémion, du capitaine Lapouraille, des
« sous-lieutenants Coulon et Redon, cherche à
« rassembler les débris épars du bataillon, pour
« en former une petite réserve ; mais les voltigeurs
« de la Garde sont partout en première ligne,
« tenant en respect les réserves russes avec leurs
« armes à longue portée. Le lieutenant Goussail et
« le sous-lieutenant Niclet font établir par quel-
« ques voltigeurs, à trente mètres de la batterie
« de la Courtine, une forte embuscade qui sert de
« poste avancé à la 5ᵉ division, pour y attendre
« de nouveaux renforts (les grenadiers de la
« Garde). Ces mêmes officiers font retourner les
« pièces de la batterie par des canonniers auxi-
« liaires, de sorte que les Russes de Karabelnaïa
« ne peuvent plus que très difficilement porter
« des secours au petit Redan. »

Néanmoins, la 5ᵉ division découverte sur son
aile droite est prise en flanc, presque à revers par
les tirailleurs russes ; sa position devenait cri-
tique, d'autant plus que les cartouches commen-
çaient à manquer, et que Bosquet lui-même venait
d'être grièvement blessé d'un éclat de bombe dans
la sixième parallèle où il se tenait.

2ᵉ régiment de voltigeurs. — La Courtine en-
levée, la brigade de voltigeurs s'y loge, occupe
toutes les traverses et les premières batteries de
mortiers. Dans ce premier succès, le commandant

Guyot et le capitaine adjudant-major tombent pour ne plus se relever.

Cependant la brigade Vinoy demande des renforts. Impossible de prendre les hommes dans

Le général Bosquet blessé à la Courtine de Malakoff.
(D'après le tableau de Yvon, au musée de Versailles.)

les troupes engagées déjà très réduites et qui ont partout beaucoup souffert. A ce moment arrive le 3e bataillon du 2e voltigeurs qui, retardé en route par les nombreux obstacles à traverser, n'avait pas pu déboucher en même temps que les deux autres. Mais en arrivant dans Malakoff, le commandant Champion tombe grièvement blessé : trois compagnies n'en sont pas moins placées, à là gorge de Karabelnaïa où le combat est des plus vifs ; trois autres sur les épaulements de la face droite de l'ouvrage flanquant la Courtine que tient la brigade.

Le combat le plus désespéré continue toute la journée. Vers cinq heures une poudrière russe, installée sur la Courtine, saute et fait de nombreuses victimes. A la nuit les deux premiers bataillons évacuent la Courtine et se rallient dans les tranchées.

Le 3ᵉ bataillon reste seul dans Malakoff. C'est à ce moment-là qu'est frappé mortellement le général de Marolles, ancien colonel du 2ᵉ voltigeurs, nommé général de brigade le 25 juin 1855, en remplacement de Mellinet promu divisionnaire.

Entrée en ligne des grenadiers de la Garde. — Les grenadiers de la Garde ne paraissent pas encore ; nos tranchées sont tellement encombrées de morts et de blessés que ces bataillons ne peuvent arriver que très lentement. La Motte-rouge a son aide de camp de la Boissierre tué raide par une balle qui lui traverse la tête ; le corps pivote sur ses pieds, et la tête décrivant pour ainsi dire un arc de cercle va frapper les bords du fossé, où le général se tient. Son chef d'état-major, le colonel Delaville, est mortellement blessé d'une balle dans le bas-ventre ; le lieutenant Menorval tombe inanimé sur le sol, la jambe brisée par un éclat d'obus. Dans les grands dangers, la douleur se calme vite ; l'énergie et le devoir sont l'apanage des gens de guerre ; on se raidit contre de tels spectacles et bien que seul de son état-major, La Motterouge donne l'ordre au commandant Grémion de se rendre à la parallèle pour y chercher des renforts, des cartouches et accélérer la marche des grenadiers de la Garde. Le commandant part avec l'adjudant Roustan, un intrépide soldat aussi celui-là ; il organise les corvées de munitions, communique les ordres qu'il a reçus au colonel d'Alton du 2ᵉ grenadiers, et il est deux heures et demie de l'après-midi quand les grenadiers apparaissent et prennent position contre la courtine. A cette même heure, les batteries montées de la 5ᵉ division (8ᵉ et 9ᵉ du 5ᵉ d'artillerie : capitaines Deschamps et Rapatel) franchissent au galop de leurs chevaux, le terrain préparé pour elles et prennent position à cent mètres en avant de la 6ᵉ parallèle, couvrant de mitraille les bataillons russes qui occupait encore le petit Redan.

Le 2ᵉ grenadiers fait dès le début des pertes très sensibles, en franchissant les trois cents mètres qui le séparent de la courtine. Le général de Pontevès, mortellement atteint de cinq blessures, est transporté à l'ambulance et meurt le lendemain.

Les hommes sont à peine arrivés que Mellinet les entraîne au Petit Redan, sur lequel on tente vainement un troisième assaut. Ce bataillon est dispersé par la mitraille, et le général grièvement blessé à la joue droite, près de la coupure de la courtine, par une décharge de mousqueterie, vient tomber entre le lieutenant-colonel de Montmarie et le commandant Grémion.

A ce moment des cris d'une joie sauvage partent du Petit Redan. Une offensive générale des Russes paraît imminente de ce côté ; de nouveaux renforts sont nécessaires à la courtine et pour la deuxième fois, le brave Grémion reçoit l'ordre de courir chercher à la parallèle le 1ᵉʳ grenadiers (colonel Blanchard) qui n'est pas encore en vue. A son tour, il est renversé dans la tranchée en même temps que les docteurs Huard et Darcy qui, depuis le commencement de l'action, prodiguent généreusement leurs soins aux blessés, sous une grêle de mitraille.

Enfin, la brigade des grenadiers se trouve réunie ; le 1ᵉʳ régiment se masse dans le fossé de la courtine, contre le parapet, entre la coupure et le Petit Redan. Mais le colonel Blanchard y est frappé d'un coup de feu au sein droit et ordonne très énergiquement qu'on le laisse là où il est tombé.

Le 2ᵉ régiment se place entre Malakoff et la coupure. Il était temps.

Vers quatre heures, l'ennemi voyant ses efforts impuissants cesse ses retours offensifs sur Malakoff et la courtine. Mais sur la droite, la division Dulac fait de vains efforts pour rentrer en possession du Petit Redan. Le terrain qui sépare le fossé du saillant de la septième parallèle est littéralement jonché de cadavres. C'est alors que d'Alton reçoit l'ordre de longer le fossé de la courtine et d'aller aider la 4e division à escalader le parapet. Mais, arrivée à cent mètres du Petit Redan, la tête de colonne est si maltraitée par le feu plongeant de l'ennemi qu'elle doit se jeter dans le fossé de la courtine et se borner, comme les autres troupes déjà sur ce point, à diriger son feu sur les embrasures et sur le parapet de l'ouvrage. Le lieutenant Mültzer est atteint d'une balle à la tête; Clinchant, du 4e chasseurs à pied, est blessé d'un coup de baïonnette à la cuisse; le colonel Verguern (49e) est tué en abordant la courtine; le colonel de Bertier (86e) reçoit dans l'épaule une blessure très grave sur laquelle les médecins ne peuvent se prononcer.

Il est cinq heures de l'après-midi. Tout à coup, une détonation formidable se fait entendre; le ciel s'obscurcit; le sol tremble: c'est la poudrière de la courtine qui vient de sauter. Les victimes sont nombreuses. La Motterouge est blessé à la tête d'un éclat de poutre, il a l'œil gauche tuméfié et son arcade sourcilière se couvre de sang; il n'y voit plus. Le lieutenant-colonel de Montmarie est enfoui sous les décombres, et est relevé le corps brisé par les contusions ; le lieutenant Gaussail est blessé ; le caporal Lagnier est tué ; tous les voltigeurs, sur ce point, sont foudroyés ; d'autres blessés par des éclats de pierre.

Le 1er bataillon de marche du 1er voltigeurs est réduit à 4 officiers sur 19 et 70 soldats sur 350 voltigeurs ; tout son état-major, 5 officiers de compagnie et 255 sous-officiers, caporaux et soldats sont tombés en route ou après les explosions.

* *

MALAKOFF. — Ce grand ouvrage, dans son ensemble, consistait en un vaste quadrilatère de forme allongée dont les côtés formés des retranchements en terre d'une hauteur et d'une épaisseur considérables, étaient protégés à l'extérieur de fossés larges et profonds. Ce sont donc quatre faces distinctes, dont l'une, celle qui regarde les tranchées françaises, fait partie intégrante de l'enceinte continue de Sébastopol, et a un développement d'environ cent mètres ; son centre qui fait une saillie très prononcée vers l'extérieur est la base d'un bastion très élevé que les officiers du génie russe ont édifié par-dessus la tour de Malakoff. Les côtés latéraux de la saillie représentaient les deux flancs du bastion. L'enceinte de la place, en se rattachant à l'extrémité intérieure de l'un et l'autre flanc, formaient deux courtines donnant des feux de flanc et d'enfilade.

Tout l'intérieur de Malakoff était hérissé de traverses disposées de façon à donner des feux croisés un peu dans toutes les directions. Enfin les retranchements des trois premières faces étaient couverts de batteries armées de canons de gros calibre provenant de l'arsenal maritime de Sébastopol qui en contenait un approvisionnement énorme.

On peut juger par la courte description que nous donnons ci-dessus que la redoute Malakoff, eu égard aux moyens de défense qu'elle renfermait était loin d'être conquise, quand le bataillon de zouaves du capitaine de Sée eut réussi à s'emparer du saillant et à y planter son drapeau, car déloger les Russes des traverses situées derrière ce saillant et les retranchements des trois faces latérales, était une œuvre pleine de difficultés qui ne pût s'accomplir qu'à force d'intrépidité, et grâce à la bonne direction des officiers.

Nous ne ferons pas ici le récit de l'assaut de Malakoff. Cet épisode a déjà tenté bien des écrivains, et après eux, il ne reste rien à glaner pour l'historien attardé, bornons-nous à indiquer le rôle de la Garde dans ce glorieux fait d'armes.

Le 2ᵉ bataillon du 1ᵉʳ voltigeurs à Malakoff. — Ce bataillon (15 officiers et 400 voltigeurs) est de garde de tranchée depuis trente heures à l'aqueduc de la baie de Carénage, quand le 8 septembre à onze heures du matin, il reçoit l'ordre de quitter son poste pour se porter en réserve en avant du Mamelon Vert. Le bataillon prend aussitôt position dans la parallèle qui serpente le long des grottes du ravin du Carénage, en arrière de la batterie n° 9. Mais arrivé sur le sommet du Mamelon, le commandant est obligé de faire traverser à son bataillon des tranchées encombrées par la division Dulac, ce qui l'oblige à rester un quart d'heure dans un pli de terrain enfilé par le feu des Batteries Noires, des batteries de la rade, et où il perd le capitaine Liaud blessé à la tête par un éclat de bombe, le lieutenant Conté atteint par un boulet aux deux jambes. le fourrier Béjot, le caporal Ravau blessés mortellement et une dizaine de voltigeurs contusionés par des éclats de mitraille. Le bataillon afin d'éviter de nouvelles pertes, s'abrite alors dans les batteries n° 10, 11 et 13 où il reste près d'une heure.

Enfin, les tranchées se dégarnissent peu à peu, l'affaire s'engage sur toute la ligne, et le bataillon peut reprendre sa marche et se diriger sur Malakoff, où il a reçu l'ordre de pénétrer. Mais plus on approche de la sixième parallèle, plus les difficultés de communication sont grandes. Jeanningros parvient à réunir ses six pelotons dans Malakoff. En y arrivant, le capitaine Mallarmé, les lieutenants Saint-Hilaire et Faure reçoivent des contusions, le sergent Gebelin et le caporal Clariget sont tués et quelques voltigeurs blessés. Le bataillon reste trois heures en réserve dans le réduit de Malakoff.

Entre quatre et cinq heures de l'après-midi, Jeanningros reçoit l'ordre de Mac-Mahon d'avoir à quitter Malakoff pour se porter au Petit Redan, sur lequel on va tenter un dernier effort. Le 2ᵉ bataillon de marche du 1ᵉʳ voltigeurs s'engage de nouveau dans la 6ᵉ parallèle plus encombrée que jamais ; les difficultés recommencent, il faut jouer du coude pour se faire jour, et on n'arrive en position que fractionné et désuni, lorsque l'assaut du Petit Redan est de nouveau repoussé par les Russes, au moment de l'explosion de la poudrière de la courtine.

A ce moment, tout est désordre dans nos colonnes d'attaque lorsque le lieutenant Rincheval lance son peloton à l'assaut du Petit Redan. Les voltigeurs qui, depuis le matin, tombent blessés sans prendre part à l'action, brûlent du désir de combattre enfin, se précipitent en avant avec ardeur et arrivent jusqu'au fossé de l'ouvrage. Mais la mitraille les disperse, renverse le lieutenant Rincheval, et le capitaine Lambert donne l'ordre de la retraite.

A cinq heures, Jeanningros vient de rassembler ses pelotons, lorsqu'il reçoit l'ordre de suspendre les hostilités. Le bataillon se rassemble dans la 6ᵉ parallèle où ne tarde pas à arriver aussi le 1ᵉʳ bataillon de marche conduit par le capitaine Lapouraille, et où les débris du 1ᵉʳ voltigeurs de la Garde assistent à la chute effroyable et grandiose de la destruction de Sébastopol par les Russes eux-mêmes qui veulent, suivant l'ordre de leur empereur, ne laisser que des ruines sanglantes en se retirant.

Les zouaves de la Garde à Malakoff. — Le 8 septembre, la brigade de Wimpfen et les zouaves de la Garde (colonel Jannin) sont en réserve de la division Mac-Mahon, et disposés dans les tranchées de façon à être aussi rapprochés que possible de la division Vinoy, et à se tenir prêtes à marcher pour soutenir cette dernière, le cas échéant.

Les tambours et les clairons battent et sonnent la charge ; un nuage de fumée plane sur Malakoff ; les murailles, les assiégés, tout est enveloppé sous un voile épais ; une senteur de poudre règne dans l'air. Chefs et soldats du 1ᵉʳ zouaves disparaissent bientôt dans un tourbillon de poussière soulevée par une course échevelée ; les armes scintillent dans le lointain ; on entend par intervalles des cris, des clameurs vagues qui montent dans l'air portés par la brise ; la fusillade crépite, le canon tonne. Du tertre où se tient Mellinet, l'œil essaie de plonger sur ces fumées de poudre, ce nuage noir, mystérieux, tout piqué de fusées éclatantes et qu'illumine de temps en temps un éclair ou une détonation formidable. Nos petits fantassins qui

Mac-Mahon.

ont suivi le torrent, baissent la tête, vont de l'avant et grimpent sur les talus. En un instant, la plaine offre l'aspect d'un véritable chaos ; des taches de sang rougissent çà et là le sol poudreux ; des débris de cartouches sont répandus partout.

Sur le chemin qui conduit à Malakoff, on ne rencontre que des blessés, tous sont couverts de sang, quelques-uns à pied, presque souriant ; d'autres portés par des camarades, pâles, résignés, la tête penchée, le corps vacillant de faiblesse.

Mac-Mahon avait donné ses instructions au capitaine adjudant-major des zouaves de la Garde, la veille de l'assaut : le régiment du colonel Jannin devait marcher derrière la 1re division et s'emparer du réduit de Malakoff, soutenu par le 50° et le 3° bataillon du régiment de tirailleurs algériens ; on ne devait ni enlever les blessés, ni faire de prisonniers (*sic*).

Le colonel **Jannin** qui venait de recevoir les deux étoiles, **enleva très** brillamment le régiment des zouaves de la Garde, et le commandant Aurel dont le bataillon formait tête de colonne, passa par une embrasure, en s'écriant : « *A moi, les zouaves de la Garde !* » tout le bataillon entra par les embrasures du réduit, qui était évacué ; le capitaine Vittot prit immédiatement quelques sapeurs avec lui, fit enfoncer les portes d'une poterne, et y trouva une centaine de Russes qui furent remis à quelques gendarmes de la Garde qui avaient voulu suivre, et surveillaient les portes d'entrée de Malakoff.

Ceci fait, le 2° bataillon (commandant Irlande) fut appelé à son tour dans Malakoff, en passant par la courtine. Le général Vinoy dirigea quatre compagnies sur la gorge de l'ouvrage, dont elles défendirent les approches avec la plus grande intrépidité.

Après l'explosion de la poudrière, ces compagnies se jetèrent en avant vers la tranchée russe, pour soutenir les débris de la division La Motte-rouge, et ce ne fut qu'à la nuit que le régiment des zouaves de la Garde rentra en entier dans l'intérieur de la tour Malakoff qu'il garda jusqu'au lendemain matin, six heures.

* *

Le bataillon des chasseurs à pied de la Garde au Petit Redan. — A droite de Malakoff, la division Dulac s'était également emparée du Petit Redan. Mais assaillie vers midi et demi par les réserves russes accourues en toute hâte, elle est obligée d'abandonner l'importante position qu'elle vient de conquérir. A ce moment-là, les chasseurs à pied de la Garde reçoivent l'ordre de se porter en avant et d'appuyer le mouvement des troupes engagées. Le commandant Cornulier-Lucinière, prévoyant l'intervention de son bataillon, avait pris ses précautions et fait attacher à la grenadière de fusil du caporal Joubert, la ceinture bleue de ce dernier, le mouchoir blanc du lieutenant Lagrange, et un lambeau de foulard rouge trouvé dans la tranchée. Muni de ce fanion improvisé, il s'élance en avant, entouré de quelques officiers, précédant de quelques pas le bataillon qui a pris le pas de course. Il faut franchir six parallèles, ou pour mieux dire, six tranchées avant d'arriver sur la batterie russe, dite *Batterie Noire*, située entre Malakoff et le Petit Redan. Le bataillon de chasseurs à pied de la Garde, précédé de son chef, franchit cet espace, bondissant sous les balles qui sillonnent le terrain en tous sens. Quelques-uns des siens tombent dans ce trajet, entre autres le capitaine adjudant-major Gaulier de la Grandière qui, affaissé sur lui-même, par la douleur que lui cause une balle qui vient de lui casser le bras, se raidit contre la souffrance, se relève et va se faire tuer un peu plus loin.

Cornulier-Lucinière arrive le premier sur le parapet de la *Batterie Noire* suivi de ses sapeurs et de trois officiers. Mais à peine a-t-il tiré son sabre et ouvert la bouche, criant à ses chasseurs « En avant ! », que le brave officier tombe du parapet dans le fossé frappé d'une balle qui lui perfore le flanc gauche à hauteur de la ceinture, à deux pouces environ au-dessus et en avant de la hanche.

Le fanion tricolore improvisé, porté par le caporal Joubert, n'en est pas moins planté au-dessus du parapet de la *Batterie Noire*, et les Russes furent impuissants à l'abattre.

Pendant toute la durée de l'Empire, les officiers supérieurs qui se sont succédé dans le commandement du bataillon des chasseurs à pied de la Garde, ont conservé précieusement la carabine portant les glorieux lambeaux percés de mitraille qui lui avait servi de ralliement le jour de l'assaut de Malakoff.

N'est-ce pas notre grand poète Victor Hugo qui a écrit ces vers sublimes ?

> Le drapeau déroulant ses plis dans l'espace,
> Semble dire aux enfants de la superbe race :
>   « C'est moi qui règne ici ! »

Alfred Cornulier-Lucinière n'était que depuis dix-sept jours aux chasseurs de la Garde ; il y remplaçait Cambriels nommé lieutenant-colonel au 61ᵉ de ligne, le 11 août dernier. Sa mort fut instantanée ; relevé presque aussitôt dans le fossé où il était tombé, son bras droit tendu indiquait l'énergie avec laquelle il brandissait le sabre échappé de ses mains, et son bras gauche, moitié plié, avait la position qu'il occupait, lorsqu'il montrait l'ennemi à ses chasseurs.

Ce qu'il y a de poignant dans les tableaux que ces récits vont forcément mettre sous les yeux du lecteur, c'est qu'aucune hésitation — nous en sommes sûrs, — n'ébranla l'âme de nos soldats. Pour que rien ne manque au mystère du champ de bataille, ne faut-il pas, en effet, qu'il ait ses tristesses, comme ses joies ; sa charité, comme sa furie ?

La Garde impériale fut traitée le 8 septembre d'une manière sanglante. Outre, Mellinet blessé, la division avait perdu ses deux brigadiers et voici le portrait qu'en trace le R. P. de Damas :

Le général de Marolle, percé de balles, lutte comme un lion à la tête de ses grenadiers. « Je quitte la France, sans regrets, — disait-il en s'embarquant pour l'Orient, — j'ai eu le malheur de perdre ma femme ; ma fille unique n'a pas besoin de moi ; elle est admirablement élevée par sa grand'mère et la haute position de son grand-père assure son avenir. Si donc je meurs, ce revers n'atteindra que moi ; je puis et je dois donner ma vie à mon pays, aucun lien ne m'attache à cette terre. »

Et puis, c'est le général de Pontevès qui paie aussi le noble tribut de dévouement à son pays. Deux balles lui traversent la poitrine et un éclat d'obus lui fracasse l'épaule. Issu d'une des plus illustres familles de Provence, parfait gentilhomme, frère du duc de Sabran, officier d'un grand savoir, il regarde, lui aussi, la mort sans effroi, expire en donnant ses ordres pour le règlement de ses affaires, et son dernier présent est pour les pauvres de son pays.

En songeant à ces grands exemples, n'est-ce pas le cas de se rappeler, — comme un gage d'espoir pour l'avenir, — cette parole de Joseph de

Maistre : « Ce qu'il faut à la France, ce sont des gens braves et des braves gens. »

Au 1ᵉʳ grenadiers le colonel Blanchard (1) était grièvement blessé ; au 2ᵉ grenadiers, les commandants de Montfort et Ponsard étaient atteints également ; au 1ᵉʳ voltigeurs, le colonel de Montera, mortellement blessé, mourait le lendemain des suites de sa blessure ; le lieutenant-colonel de Montmarie et les commandants Gérard et Gremion étaient blessés également quoique d'une manière moins funeste.

De mémoire d'hommes, jamais on n'avait vu pareil entassement de cadavres sur un terrain aussi limité ; en quelques endroits, les corps amoncelés les uns au-dessus des autres, offraient l'aspect d'une véritable foule d'êtres inanimés. Dans cette population de morts vue le lendemain, à la clarté du jour naissant, deux surtout attirent l'attention : ce sont deux Français, un grenadier et un voltigeur, blonds tous les deux et se ressemblant par les traits du visage, comme par toutes les formes de leurs personnes, les deux frères, sans doute ; mais comment se trouvent-ils là, puisqu'ils n'appartiennent pas au même corps ? Qui pourrait le dire ? Chacun avait fait de son bras un oreiller pour son compagnon, les mains libres se

(1) Promu général de brigade le 22 septembre 1855, et remplacé au 1ᵉʳ grenadiers, par Le Normand de Bretteville, venant du 2ᵉ grenadiers.

croisaient sur leurs poitrines. On eût dit que ces deux jeunes gens, liés dans la vie, auraient voulu rester unis dans la mort. Il y a dans ce groupe ainsi enlacé, deux attitudes dignes de tenter un sculpteur. Un calme plein de noblesse et de douceur règne sur ces deux figures qui ne s'éclaireront plus dorénavant à la lumière du jour. Ces deux cadavres ressemblent à ce couple fraternel de l'antiquité qui, en récompense d'un acte de piété filiale, reçut du ciel une mort rapide et sans terreur. Assurément, les sanglants débris dont le sol est jonché après un combat sont des ruines où rien n'est resté de ce qui apparaît à l'homme et que la terre a le droit d'enserrer. Car, comme l'a dit le plus éloquent de nos orateurs chrétiens, devant ces objets muets, froids, déformés, on a peine à reconnaître les créatures vivantes, passionnées, radieuses que ces mêmes objets étaient tout à l'heure, et on sent d'une manière invisible mais avec la foi que cette matière, où nulle parcelle de l'âme n'est visible, n'est point cette mystérieuse puissance, cette tendresse de Dieu qui fait l'homme. De longues colonnes d'ennemis vaincus se dirigent vers nos camps, escortées de nos soldats noirs de poudre, rouges de sang. Parmi ceux-ci, un blessé mérite une mention particulière dans ces récits. Un projectile l'avait atteint au visage et sa face — comme celle que présentait Mellinet après sa blessure, — n'était qu'une immense plaie. On eut dit une de ces vigoureuses études d'écorché auxquelles se plaisent parfois les grands peintres. C'est toujours dans les figures que se résume, pour notre intelligence, la puissance des grandes actions. Cet homme à la taille haute, élancée et droite, s'avançant résolument au milieu de nous, sous le voile rouge que sa blessure collait à ses traits, ne représentait-il pas la vaillante armée que nous venions de vaincre, et cet autre balafré, retiré à Nantes, où il vit en ermite, après avoir été une de nos gloires nationales, n'est-il pas l'incarnation vivante de ce que peut l'énergie unie à une santé de fer.

Couvert d'un lambeau humain, ou d'un morceau de fer, chaque pouce de terrain entre le Petit et le Grand Redan disait assez, le jour de Malakoff, ce que trois vaillantes armées avaient essayé d'accomplir.

Ainsi se terminait le siège de Sébastopol qui restera comme un fait militaire unique et sans précédent jusqu'ici dans l'histoire, et cela malgré nos défaites, malgré nos désastres de l'année fatale. L'armée assiégeante avait en batteries environ huit cents bouches à feu ayant tiré plus d'un million six cent mille coups, et nos cheminements creusés pendant trois cent trente-six jours de tranchée ouverte, en terrains rocailleux, présentaient un développement de plus de quatre-vingts kilomètres (vingt lieues), et avaient été exécutés sous le feu constant de la place, et par des combats incessants de jour et de nuit. On le voit par ce qui précède, nos attaques autour de l'immense forteresse de Sébastopol étaient moins le siège d'une ville que l'attaque d'un vaste camp retranché, défendu par une armée nombreuse, sans cesse renouvelée et ravitaillée, et pourvue de moyens de défense tels qu'il n'en existera jamais de plus nombreux réunis sur un même point. Hier, Sébastopol était un volcan en état d'éruption permanente ; aujourd'hui la respiration de cette bruyante cité semble éteinte ; elle n'a plus sa ceinture d'éclairs, ni sa couronne de fumée ; la ville est morte et frappée d'une mort si violente que son cadavre en est déformé. Sauf deux ou trois édifices restés debout, ce n'est qu'une agglomération de décombres, de ruines, de pierres grimpant les unes sur les autres, arrachées de leurs assises, dépouillées de leur ciment, n'ayant plus aucune forme, brisées, ressemblant à une sorte d'océan pétrifié, houleux et immobile. Sur la plate-forme de Malakoff, ce n'est plus que débris de fer tordu ; fragments de bombes épais, brisés ; éclats d'obus minces et menus ; sombres boulets épais, roulant sous les pieds ; partout des traces de sang à la surface de tous ces objets ; balles rondes, ogivales ; pluie homicide que la guerre fait pleuvoir à notre époque de progrès et de civilisation.

Ainsi prit fin le siège de Sébastopol ; il avait duré 349 jours. La guerre était virtuellement terminée. Les alliés ne tentèrent plus rien de sérieux, en Crimée ; les Russes conservèrent leurs positions et bien que la paix fût dans l'air, elle ne vint pas encore tout de suite, parce qu'une grande nation ne peut pas abdiquer du jour au lendemain ; mais il en fut question dès que les circonstances parurent favorables.

Depuis, l'armée russe a cessé d'être notre ennemie ; l'écho de nos victoires s'y éteint graduellement ; et aujourd'hui, les habitants de ce coin reculé de l'Europe, échiquier restreint où se sont jouées, pendant près de deux ans, les destinées de l'Orient, ont certainement gardé un bon souvenir de l'humanité de nos soldats, envers ceux que le sort des armes a momentanément soumis à leur puissance.

*
* *

Sébastopol n'était tombé que grâce à la persévérance de Pélissier... Tout s'était succédé selon le programme qu'il avait annoncé à l'empereur. Le général en chef s'était montré grand capitaine. Discuté la veille et abreuvé d'amertumes, il montait enfin au rang des victorieux, avec le bâton de maréchal et le titre de duc de Malakoff.

Cassaigne, au moment de l'attaque du 8 septembre, se trouvait dans un ouvrage très avancé ;

il examinait les colonnes d'attaque qui se formaient prêtes à enlever Malakoff, lorsqu'un boulet de fort calibre, parti de la place, vint couper en deux le jeune officier. Il n'avait que trente-huit ans.

Une mort comme la sienne est digne d'envie pour un soldat. Des années qu'elle lui a ravies, les plus belles seraient écoulées. S'il eût vécu, il aurait maintenant soixante et onze ans, les infirmités seraient peut-être venues. Encore quelques années et la vieillesse même lui échappait.

Et qu'eût-il gagné à vieillir ? Courbé sous les années, fût-il chargé d'honneurs, laisserait-il une image plus belle, plus digne d'envie que celle qui nous reste de ce jeune colonel qui savait aider à tracer le plan d'une victoire, qui savait y mourir. Moins de deux mois auparavant, son frère l'avait précédé dans la tombe : Fortuné Cassaigne, entré au collège de La Flèche quand son aîné venait de le quitter ; était mortellement atteint dans la tranchée devant Sébastopol le 21 juillet 1855, étant capitaine aux zouaves de la Garde.

Ne voyant pas revenir Cassaigne du retranchement où il l'avait envoyé, le général Pélissier surpris se retourna et dit au général de Martimprez placé derrière lui :

« — Où est Cassaigne ? Je ne le vois plus.

« — Il est blessé, dit un officier arrivant du

théâtre de la lutte ; mais sa blessure est sans gravité. »

Le général n'insista pas ; mais à la fin de la journée, au moment où il semblait que la joie de cette victoire attendue si impatiemment par la France devait remplir son cœur, il demanda encore, mais d'un ton impérieux cette fois :

« — Eh bien ! où est donc Cassaigne ?

« — Mais, mon général ; il est blessé.

« — C'est donc grave !... Je connais Cassaigne : il serait venu me rendre compte de sa mission, s'il pouvait marcher...

« — Mon général, ajouta encore quelqu'un, il est blessé à la jambe. »

On crut l'attention du général détournée. Il n'en était rien. Après la fatigue d'une telle journée, il semble que la première préoccupation soit d'aller prendre un peu de repos, ou de se mettre à table. Au lieu de cela, Pélissier répéta aux officiers qui l'entouraient :

« — Avant de nous mettre à table, Messieurs, allons voir Cassaigne.

Tous restèrent silencieux ; un seul, rompant le silence, avoua la vérité. Et alors, cet homme de guerre à l'âme d'acier, versa des larmes.

Pélissier aimait en homme de cœur et commandait en chef d'armée.

La division de la Garde resta trois jours campée sur le plateau d'Inkermann, procéda à l'enlèvement de ses blessés et à la reconnaissance de ses morts, puis le 12 septembre, le corps de réserve commandé par le général Herbillon, en remplacement de Regnault de Saint-Jean d'Angely rappelé en France, vint reprendre son ancien camp, en avant du grand quartier général, concourant, comme tous les autres corps, à la garde de Sébastopol, que nous occupions depuis le 9.

La prise de Kinbourne par le général Bazaine et la bataille de Konghil gagnée par le général d'Allonville (corps d'Eupatoria) complétèrent le triomphe du 8 septembre. Après un nouvel hivernement, Pélissier put enfin se réjouir de voir ses projets se réaliser.

La paix fut conclue le 30 mars 1856. Déjà la Garde impériale et une partie de nos troupes de ligne étaient revenues en France et avaient reçu à Paris, les honneurs d'une entrée triomphale. Pélissier l'annonçait aux troupes dans l'ordre du jour suivant daté du 2 novembre 1855 :

« Soldats,

« La Garde impériale va rentrer en France, « glorieusement associée à vos travaux, à vos « succès.

« L'Empereur sera heureux du retour de tant
« de braves ; il sera heureux de voir dans les
« rangs de sa garde, digne héritière de son aînée,
« un grand nombre de jeunes vétérans de cette
« armée d'Orient, pour laquelle son grand cœur a
« déjà montré tant de sollicitude.

« Aujourd'hui, c'est à la Garde que nous devons
« faire nos adieux ; nos vœux l'accompagneront
« jusque dans la patrie où elle sera le modèle des
« vertus guerrières et l'interprète du dévouement
« de l'armée à la France, à l'Empereur. »

Pendant que la paix se prépare, l'armée d'occupation supporte héroïquement les nouvelles
épreuves que lui impose le rigoureux hiver de
1855-1856. N'est-ce pas encore une lutte admirable,
que celle de se soutenir sans défaillance, au milieu
des souffrances de chaque jour, et de se raidir
contre la douleur toute nue, sans avoir l'enivre-
ment de la gloire en perspective ? En décembre et
en janvier, le thermomètre y descendit souvent
jusqu'à 23° Réaumur, au-dessous de zéro.

Quels que soient le temps et l'intensité du froid,
Pélissier ne manquait jamais d'aller visiter
chaque jour ses ambulances, tantôt d'un côté,
tantôt d'un autre, apportant à nos soldats cloués
sur leurs grabats, ces paroles de vie et d'encouragement que son cœur de soldat savait si bien
trouver, pour ranimer les patients, et relever les

courages abattus. Quel spectacle plus attendris-
sant que celui que nous présente ce général en
chef passant la revue de ces hommes rangés en
ligne sur le seuil d'un autre monde, comme s'il
eut voulu rester à leur tête, même sur ces tristes
champs de bataille d'où les blessés ne se relèvent
pas toujours, et où la mort fait lentement son
œuvre !

Au camp, nos troupes se battent pour ainsi
dire contre la gelée, la neige, la boue et la glace ;
elles luttent, avec une infatigable patience, contre
les épreuves de la mauvaise fortune. Nos soldats
sont ingénieux et trouvent sans cesse de nouveaux expédients pour améliorer leur sort; car
ils savent que celui qui courbe sa tête contre les
rigueurs du temps, est un homme perdu sans
ressources : les maladies, le froid, le scorbut, le
spleen, la nostalgie, cette synthèse de toutes les
souffrances, l'ont bientôt enlevé. La vallée de
Baïdar ne manque pas de bois ; l'un des versants,
celui de la rive gauche de la Tchernaïa, est entièrement couvert de forêts. Mais ce n'est pas assez
qu'un bon feu pour se chauffer ; il faut aussi se
préserver du froid par des abris remplaçant avan-
tageusement les tentes de campement que l'administration leur donne, pour toute maison
d'habitation. Il n'y a rien de tel que le soldat
français en campagne pour s'ingénier à trouver
tout ce dont il a besoin, se fabriquer des vête-

ments, améliorer son ordinaire, s'improviser un confortable, de manière à vaincre l'hiver.

Pélissier trouve moyen de leur faire construire de véritables maisons, avec leurs murs en pierres et en briques, leurs toits couverts en tuiles, des cheminées, des portes, des fenêtres bien agencées, le sol intérieur planchéié et tout le mobilier indispensable : lit, tables et chaises en bois. Tous les officiers sont en Crimée depuis quinze à dix-huit mois, à l'exception du général en chef ; ils ont une aversion très prononcée contre le pain manutentionné et le pain biscuité que leur distribue l'administration de l'armée, comme aux simples soldats. Ils demandent et obtiennent qu'on leur donne de la farine en échange de leurs rations et le sous-intendant Vignier trouve le moyen de construire sous sol, de ses propres mains, avec des briques et des cercles en fer de caisses à biscuit, un four de campagne au moyen duquel un soldat, boulanger de profession, confectionne chaque jour, pour l'état-major général, un véritable pain de luxe, et de temps à autre, d'excellentes pâtisseries.

Un peu plus tard, ce luxe de table fut suivi de celui d'une vache laitière, provenant du parc à bestiaux de l'administration française. Depuis leur arrivée en Crimée, ces officiers n'avaient pas bu une goutte de lait ; s'imagine-t-on leur bonheur quand, pour la première fois, on vit apparaître un potage au lait sur la table de l'état-major ?

Mais ce qui contribua surtout à améliorer le bien-être de nos troupes, pendant l'hiver de 1855-1856, ce furent les dons en nature, provenant de la France et de l'étranger, dont on leur fit de larges distributions pendant la durée de cet hiver. Pélissier se mit à l'unisson de ces généreux donateurs, et fit profiter les soldats de son armée, de distributions extraordinaires de vin, d'eau-de-vie, de rations de sucre et de café.

Sous bien des rapports, l'existence des officiers et des soldats devint très supportable en Crimée, pendant cette rigoureuse saison. Deux choses cependant leur faisaient défaut : la viande de boucherie qui était détestable, et les légumes frais qui manquaient totalement. De nombreux cas de scorbut furent la conséquence de cette privation. Pour combattre cette épidémie, les officiers firent une chasse acharnée aux moineaux qui, dans les temps de neige et de froids rigoureux, venaient se réfugier sur les toits de leurs baraques ; ils s'en prirent au gros gibier remisé dans les bois de la vallée de Baïdar, et aux turbots de la mer Noire ; puis « à l'approche du printemps, ils remuèrent la terre de leurs propres mains, autour de leurs installations, afin d'y improviser des jardins potagers qui, bientôt après, fournirent quelques légumes verts (1). »

(1) Général Lebrun.

Enfin on combattit le scorbut, en faisant entrer le pissenlit dans l'alimentation du soldat.

* * *

Canrobert avait fait construire à l'extrémité du quartier général une petite chapelle à clairevoie, où chaque dimanche, à huit heures du matin, le P. Parabère venait dire la messe aux officiers et soldats désireux d'assister au service divin. Pélissier hérita de cette construction, et chaque dimanche on l'y voyait à la tête de son état-major. Dans cette baraque formée de minces cloisons sillonnées de larges fissures, point de lumière adoucie et voilée, comme dans nos églises de France; mais à la place une rude clarté venant du ciel dont les espaces blanchâtres se voient au travers de vitres grossières. Le prêtre célébrait le mystère de la messe devant un autel uniquement paré des objets indispensables à l'exercice du culte.

Un lieu où le maréchal Pélissier allait souvent pendant l'hiver de 1855-1856, était ce vaste édifice connu sous le nom de *monastère de Saint-Georges* et situé sur les rives de la mer Noire, tout près de l'endroit consacré au souvenir d'Iphigénie. Ce monastère habité par des moines grecs, était pour le vainqueur de Malakoff, un des lieux les plus agréables et les plus émouvants de ce monde.

Le bois qui l'entoure a une poésie germanique, mais les bâtiments en eux-mêmes ont une poésie italienne.

Cette pieuse demeure avait des jardins disposés en terrasse au bord de la mer ; des arbres aux chevelures épaisses s'y étageaient les uns au-dessus des autres, de sorte que le promeneur, aux étages supérieurs, pouvait voir des flots de verdure se balancer à ses pieds. Au bout de ces jardins, c'est la mer ; mais la mer se montrant entre des rochers aux lames harmonieuses et hardies, de vrais rochers antiques, faits pour servir de piédestal à Prométhée.

Le sergent préposé à la garde de cette pieuse demeure s'était ingénié à conquérir l'affection de la communauté. Ce génie expansi est une des forces du caractère français. Ce n'est pas avec une portion de son cœur seulement que notre nation remporte ces étranges victoires, ardentes comme la foi du moyen-âge, pures comme les vertus antiques ; c'est avec son cœur tout entier. En France, la bonté et le courage vont du même pas, leste, hardi, joyeux.

Quelques jours après son entrée dans Sébastopol, Pélissier donna une nouvelle preuve de sa vénération pour les choses de l'Eglise. Un cimetière voisin de Malakoff avait été l'objet d'une lutte acharnée ; pas une seule tombe qui ne portât le stigmate du combat. Une chapelle se tenait droite et solitaire, parmi ces sépulcres mutilés dont elle semblait être la mère douloureuse ; à l'extérieur d'immenses plaies prouvaient que cette église avait cruellement souffert ; à l'intérieur, aucun signe sacré ne rayonnait plus. Voulant soustraire ce sanctuaire aux outrages dérisoires d'une soldatesque enivrée par le succès, le maréchal fit placer en lieu sûr la croix ouvragée du maître-autel dont il fit don plus tard à Notre-Dame d'Afrique.

**

Le 1ᵉʳ avril 1855, le prince Menschikoff remettait au général Luders, le commandement de l'armée russe de Crimée. Ce dernier invita les généraux Pélissier et Codrigton (1), à lui faire l'honneur de passer son armée en revue sur le plateau de Mackensie.

Cette revue eut lieu le 10 avril. A leur tour, les généraux en chef des deux armées alliées arrêtèrent entre eux qu'ils réuniraient leurs troupes le 17, dans la plaine de Balaklava, pour y être passées en revue par le général Luders, au bruit des fanfares et des musiques guerrières.

Nos lignes se prolongeaient depuis les hauteurs boisées de Kamara, au sud, jusqu'au phare de

(1) Codrigton remplaçait dans l'armée anglaise lord Raglan, mort en Crimée du choléra, quelques mois auparavant.

Kharatch, au nord, occupant un front de parcours de trois lieues.

A onze heures précises, le canon, pour la première fois, tonna pacifiquement, les trompettes retentirent, les tambours battirent avec une lente majesté. Le généralissime russe passa comme un tourbillon sur le front des lignes, suivi, on peut le dire, de tous les officiers de son armée.

Cette revue n'était point une démonstration frivole, une parade ostentatoire de notre force ; c'était un serrement de main, au lendemain d'un siège mémorable, entre deux loyaux adversaires qui s'y étaient également honorés. Ici point d'alignement au cordeau, point de compassement dans la tenue, de raideur mécanique dans l'attitude et de fraîcheur luisante dans les uniformes : l'état-major lui-même s'était mis à l'unisson de nos troupiers et ne méritait qu'à moitié l'invariable cliché (*nombreux et brillant*) dont les chroniqueurs du Champ-de-Mars et de Longchamps le gratifient habituellement. Un souffle intelligent parcourait ces masses au teint bronzé, à l'attitude martiale, aux uniformes rapiécés et fripés, mais si crânement portés, où chaque soldat avait l'air d'un Henri IV congédiant les Espagnols. Puis tous ces milliers d'hommes s'ébranlèrent avec ordre et rapidité, chaque colonel prit la tête de son régiment et le défilé commença au son d'une musique qui électrisa tout le monde.

La revue passée, Pélissier invita le général russe à passer sous une immense tente où un *lunch* splendide avait été préparé, pour lui être offert, ainsi qu'aux officiers de sa suite, en présence des officiers généraux et supérieurs des armées française et anglaise.

Le lendemain, l'armée se disloquait, la flotte commençait à rapatrier les premières divisions et le reste de l'armée allait reprendre ses campements habituels, soit dans les ravins empestés de Sébastopol ; soit à Kamiesch, empire de la puissance ou de la boue, du typhus et de la dysenterie ; soit à Kadikuni, plateau inhospitalier, où jamais Achille n'aurait pu dresser sa tente, tellement le vent y est violent ; soit encore au monastère Saint-Georges qui, suspendu au bord de la mer, dans la dépression d'une falaise, un peu moins ardue que ses sœurs, véritable oasis par le contraste frappant de ses ombrages, avec la solitude dénudée des environs.

A l'époque dont nous parlons, les troupeaux importés d'Asie pour la subsistance de notre armée ne trouvaient plus rien à émonder sur l'aride plateau de la Chersonèse. Le couvent grec de Saint-Georges devenait alors une résidence charmante, un lieu d'étapes très envié pour les favorisés de la fortune. Des corps de bâtiments larges et spacieux occupent le sommet de la pente sur laquelle le monastère a été établi.

13

Quelques hauts palmiers, des platanes, des lilas, des acacias roses, d'autres espèces d'arbres touffus et robustes, procuraient leur ombre à la foule des promeneurs venus de Sébastopol pour contempler la mer Noire. Le mouvement des eaux traversées par de nombreux sillages donnait à la nappe d'eau étendue sous les pieds du visiteur, quelque ressemblance avec une moire antique dont chaque souffle de la bise aurait varié les aspects. Les officiers anglais, gentlemans plus amateurs de coquillages que de panoramas, se laissaient dégringoler au bas de la falaise, laissant un lambeau de leurs vêtements à toutes les ronces de ce chemin périlleux. Arrivés sur le rivage, ils collectionnaient avidement les galets arrondis ou pointus, noirs ou blancs, opaques ou diaphanes que le flot y avait déposés ; et après avoir scrupuleusement rempli d'énormes sacs apportés dans cette intention, ils remontaient impassibles mais satisfaits ; débordant de contentement intérieur, essoufflés, mais ravis de pouvoir, à leur retour au manoir brumeux de leurs ancêtres, classer et numéroter un nouveau caillou, dans leur musée de voyage.

L'archimandrite du couvent rattachait l'histoire du monastère à une légende édifiante et poétique que voici : le bienheureux saint Georges parcourant la Crimée pour l'évangéliser, arriva un jour en vue de la mer, près du promontoire de

Chersonèse. Tourmenté par la soif et confiant dans la puissante miséricorde du Seigneur, il lui adressa une fervente prière et aussitôt son cheval, frappant le rocher de son sabot, en fit jaillir une eau salutaire qui désaltéra le saint voyageur et subsiste encore aujourd'hui sur la seconde terrasse des jardins du monastère.

Saint Seine, évêque dans les Gaules, fit un miracle à peu près semblable dans les gorges de Côte-d'Or, mais la source qu'il fit jaillir donna naissance à un grand fleuve, la Seine. Aujourd'hui encore, les troupes qui font séjour à Chenceaux, près de la source, ne manquent pas de s'y rendre pour graver leurs noms et les numéros de leurs régiments sur les troncs séculaires dont les ombrages abritent le berceau du grand fleuve parisien.

Mais nous voici bien loin de la Crimée. Il est grand temps d'y revenir.

*
* *

Dès les premiers jours du mois de décembre 1855, Pélissier avait établi son quartier général à Kamiesch; l'Eglise prenait alors possession de cette terre conquise sur une puissance schismatique.

La Presse d'Orient, journal de Constantinople, s'exprimait ainsi dans son numéro du 4 décembre : « L'inauguration de la chapelle de Kamiesch a eu lieu avec toute la pompe désirable, grâce aux mesures prises par le général Sol, commandant supérieur de Kamiesch. Chacun a secondé ses vues de son mieux. Les habitants ont déjà l'orgueil du clocher, car nous avons un clocher et nous aurons une cloche. Chacun a voulu assister à une fête qui complétera la fondation sommaire de cette ville.

« A onze heures et demie, le général Sol sortait de la cour de la gendarmerie, et se dirigeait entre une haie de soldats, vers la place Neuve où s'élevait la modeste église qu'il fallait consacrer. Le maréchal était suivi de son état-major ;

« Du commandant du génie ;

« Du capitaine Potié, commandant la gendarmerie ;

« De M. Racine, président du conseil des prud'hommes ;

« Des membres du conseil municipal ;

« De l'architecte communal et des employés de l'administration civile.

« Un grand nombre d'officiers de la garnison, des corps environnants et de la flotte s'étaient joints à l'état-major de Pélissier. A la porte de l'église se tenaient les gendarmes et le pourtour de la place était gardé par un bataillon du 64ᵉ de ligne (1) (commandant Ollerio).

(1) Le 64ᵉ n'était arrivé en Crimée que le 11 novembre, après la chute de Sébastopol.

« L'abbé de Reinach, nommé curé de Kamiesch, a dignement compris son rôle, en adressant à l'auditoire une allocution bien sentie, avant la célébration de l'office divin ; il s'est élevé jusqu'à de véritables mouvements d'éloquence, quand il a indiqué le rôle de la religion dans la guerre de Crimée. N'était-ce pas un véritable événement que l'érection d'une église française, dans une ville française, sur le sol de la Russie ? Le prédicateur a développé ce thème avec talent ; il a été écouté avec émotion et recueillement. Pendant la cérémonie, la belle musique du 64e a exécuté les plus beaux morceaux de son répertoire. »

*
* *

Nous l'avons dit ci-dessus, pendant que les troupes restées en face de l'ennemi prenaient leur quartier d'hiver, à Kamiesch, au camp de Traktir, à Inkermann, sur les bords de la Tchernaïa, à Eupatoria, et à Kinburn, au milieu des glaces plusieurs de nos régiments de Crimée, réduits par deux années de guerre, rentraient en France. Pélissier ne quittait la terre de Crimée que le 5 juillet 1856, avec le corps de réserve (Mac-Mahon).

Ainsi finit la guerre de Crimée, guerre terrible qui, cependant, dans son ensemble a été conduite humainement, courtoisement, honorablement, de part et d'autre, et que le vainqueur, comme le vaincu, peuvent invoquer comme un titre de gloire, sans amertume et sans rancune.

Quinze ans après, en 1870, la Russie dont la

navigation dans la mer Noire était limitée depuis le traité du 30 mars 1856, en appelait à l'équité des grandes puissances européennes, en dénonçant les clauses par trop absolues qui la concernaient, et elle fit bien, l'Angleterre ayant seule profité de la guerre de Crimée.

« Pauvre France ! — écrit à sa mère un des
« plus brillants acteurs de cette lutte de géants,
« peu de temps après la journée du 7 juin 1855,
« le général Bosquet — toujours l'épée à la main,
« se battant pour Dieu et pour le droit, et toujours
« seule à la fin des luttes, payant les progrès du
« monde civilisé du plus pur de son sang et du
« dernier écu de ses épargnes. »

Cette appréciation venant d'un tel homme qui
fut un des familiers de Napoléon III, n'est-elle
pas curieuse à enregistrer ?

CHAPITRE V

La fin d'une belle Carrière.

Pour un homme de guerre, l'état de paix est certainement moins fertile en récits militaires que l'état de guerre, avec ses émotions, ses périls. Il nous reste donc peu de choses à dire du maréchal Pélissier pour clore ce livre.

Doté par l'Empire d'une rente de cent mille francs, de deux cents autres mille par le sultan Abdul-Medjid, grand cordon de la Légion d'honneur, grand cordon de l'ordre du Bain, vice-président du Sénat, attaché au Conseil privé de la couronne, le duc de Malakoff, au retour de la Crimée, était certainement de beaucoup la plus haute personnalité de France, tant par son caractère que par ses talents.

Il allait peu à la cour des Tuileries ; son esprit caustique ne plaisait pas toujours ; il ne fut jamais de ceux qui flattaient le pouvoir au détriment de leur conscience.

C'est lui qui dit un jour à l'Empereur, qui le plaisantait sur son prénom : Aimable :

« — Le fait est, Sire, que la plupart de vos

maréchaux portent des prénoms qui sont des antithèses. Ainsi, voyez Randon, il se nomme César... Canrobert... Certain... Magnan se nomme Candide. »

Pélissier était parmi les perspicaces du second Empire. Selon lui, le coup d'Etat de 1851 devait servir les intérêts du minuscule Piémont bien plus que ceux de la nation française. L'avenir a prouvé qu'il avait raison. La diplomatie italienne nous guettait, c'est alors que nous voyons apparaître pour la première fois le comte de Cavour, journaliste exilé, conspirateur, porte-drapeau du parti mazzinien, résolu à faire l'unité italienne coûte que coûte.

Et maintenant quelle est la morale à tirer de la guerre de Crimée, dont nous avons raconté plus haut les dernières péripéties ?... Elle est tout entière dans la participation du petit corps piémontais amené comme renfort aux troupes françaises et anglaises par le général Alphonse de la Marmora.

Rien, en effet, de plus étrange, au premier abord, que cette intervention qui amenait un petit Etat, perdu au pied des Alpes, à combattre côte à côte avec deux grandes puissances et à s'ingérer dans les affaires d'Orient.

« — Vous avez pris un chemin bien long pour aller en Lombardie ? dit un jour un officier français à Cialdini.

« — C'est cependant le chemin le plus court pour arriver à Rome, » répondit le général sarde en se redressant et en frisant sa moustache à la Victor-Emmanuel.

Et comme un soldat se plaignait en Crimée d'être toujours dans la boue : « Ne faites pas attention, lui objecta gaiement un jeune capitaine, c'est avec cette boue-là que se fera l'indépendance de l'Italie. »

Pendant que s'ourdissaient lentement les trames de la jeune Italie, voulant utiliser, au profit de la révolution sociale, l'épée de la France, déjà si maladroitement engagée dans la politique britannique, Pélissier allait s'agenouiller dans le sanctuaire de Notre-Dame des Victoires, portant à son cou la Médaille miraculeuse, que lui avait envoyée la Supérieure de l'hospice du Puy, à son départ d'Oran pour la Crimée ; il soutenait, à l'aide de sa fermeté de soldat, les bonnes œuvres de l'Impératrice Eugénie.

C'est alors que celle-ci eut l'audace de marier le vieux guerrier, déjà plus que sexagénaire, mais robuste malgré ses cheveux blancs, à la marquise de Pianéga, sa parente, aussi remarquable par son esprit que par sa grâce et sa beauté.

La présentation eut lieu pendant l'hiver de 1857, dans une soirée donnée aux Tuileries. Les généraux de cette époque doivent se rappeler l'aspect du grand escalier du pavillon de l'Horloge les jours de gala ; le véritable chaos d'épaules nues, d'habits noirs ou d'uniformes plus ou moins chamarrés qui s'agitaient dans le salon des Maréchaux ; le grand escalier ruisselant d'acier, de piques étincelantes et de crinières farouches des cent-gardes, impassibles, muets, silencieux comme des sphinx.

La jeune marquise de Pianéga plut au vainqueur de Sébastopol, qui se laissa persuader, et le mariage eut lieu à Saint-Germain-l'Auxerrois. Pélissier en eut une fille nommée Louise, et retrouva aux épanchements du foyer les abandons d'une jeunesse déjà loin, mais son isolement lui parut moins dur, d'autant que depuis la mort du colonel Cassaigne, il vivait absolument en ermite, ne recevant personne et ne voulant pas voir le monde.

« Un des caractères distinctifs du maréchal, c'est qu'en lui l'âpreté du langage n'excluait en rien la sensibilité du cœur ; sous sa brusquerie habituelle se cachait une âme de soldat, accessible aux plus affectueux sentiments. Si, dans l'armée, beaucoup d'officiers attachés à sa personne se sont plaints des intempérances de langage à leur égard, tous se rappellent les témoignages d'attachement qu'il leur prodiguait à l'occasion (1). »

(1) Général Lebrun.

* *

Il y avait entre Napoléon III et le comte de Cavour une intelligence mystérieuse que les événements qui se sont déroulés depuis, n'ont que trop justifiés.

L'attentat d'Orsini (4 janvier 1858) accéléra le succès du cabinet de Turin, en faisant sortir la victoire de la plus sombre des aventures. Cet attentat fut l'occasion d'un nuage assez épais dans les relations entre les Tuileries et le cabinet de Londres. M. de Persigny, notre ambassadeur en Angleterre, donna sa démission, et Pélissier fut bombardé à sa place *ministre plénipotentiaire*, lui qui ne connaissait ni les flatteries des courtisans, ni les fourberies du diplomate. Les Anglais n'avaient pas oublié Sébastopol et Kertch. Londres fit au vainqueur de Malakoff une réception splendide ; il y fut fêté par des démonstrations populaires exceptionnelles ; à Douvres, toute la milice du comté fut mise sous les armes pour saluer sa bienvenue ; la municipalité et toutes les corporations munies de leurs insignes vinrent au-devant de lui. A Londres, le duc de Richemond, les marquis de Donegal et de Londondery, en grand costume de pairs du Royaume-Uni et de chevaliers de la Jarretière, le complimentèrent à son débarquement sur la Tamise.

Son entrée fut triomphale et son séjour dans la capitale de l'Angleterre donna lieu à une série de fêtes et d'ovations de tous genres.

Mais, malgré tous ses efforts, le duc de Malakoff ne put empêcher les secrets accords résultant de l'entrevue de Plombières, entre Napoléon III et le comte de Cavour.

Dix ans après la bataille de Novarre, gagnée par les Autrichiens sur les Italiens (24 mars 1849), les trois couleurs italiennes se déployaient à côté du drapeau français.

Le rêve du comte de Cavour était accompli. Cette puissance de l'homme par la diplomatie est un des phénomènes les plus étranges de cette époque.

La guerre d'Italie, en 1859, a été, comme on sait, une revendication des souvenirs de jeunesse de Napoléon III, une satisfaction donnée à ses plus chères espérances.

Serait-ce trop nous avancer que de soutenir que l'expédition du Mexique est sortie toute agencée du traité de Villafranca ? Donner la couronne du Mexique à un archiduc d'Autriche, en compensation et en échange de la Lombardie que l'Empereur des Français enlevait à la maison des Habsbourg, pour la donner à Victor-Emmanuel II, n'était peut-être pas d'une politique heureuse ; mais il y avait là certainement une idée en germe dans l'esprit de l'ancien prisonnier de Ham (1), auquel on avait autrefois proposé la fondation d'un empire dans l'Amérique centrale.

Aujourd'hui, l'unité de la péninsule italienne a resserré la ceinture des grandes puissances qui nous étouffait, et comme si nous n'avions pas assez d'une *Prusse du Nord,* nous avons maintenant une *Prusse du Midi.*

Ajoutons à cela une tendance forcée de l'Italie à se placer sous le patronage politique et maritime de l'Angleterre, à laquelle elle peut, d'un moment à l'autre, livrer ses deux mers. De là, une véritable menace pour la France de demain.

Notre or et tout le sang répandu à flot par nos héroïques soldats dans les plaines de la Lombardie, en 1859, n'ont donc servi qu'à nous créer un ennemi puissant qui nous obligera à avoir sans cesse, la main sur la garde de notre épée, pour nous défendre du côté des Alpes.

Cette guerre eut pour contre-coup la chute du cabinet Derby, en Angleterre, et la réunion des deux courants libéraux en faveur de l'Italie, dont Palmerston et Russel étaient les instigateurs. En présence de ces tiraillements, Pélissier donna sa démission d'ambassadeur à Londres, demanda son rappel et l'obtint facilement pour aller organiser à Nancy un corps d'armée chargé de tem-

(1) Cette thèse a été soutenue par bon nombre d'écrivains et n'a jamais été démentie.

pérer les velléités d'intervention de la Prusse qui suivait avec une sollicitude attentive nos succès en Italie. La division historique du grand état-major prussien publiait une relation de cette campagne, sous les auspices du prince Frédéric-Charles. Comment ne pas comprendre le sens vrai des regrets qui s'étalent à la première page de cette œuvre :

« Lorsque la guerre d'Italie éclata, en 1859, les officiers de l'armée allemande suivirent avec la plus grande attention les événements au delà des Alpes... C'était surtout le désir d'observer la tactique et l'action guerrière d'une grande armée *qu'il nous semblait réservé de rencontrer un jour sur le champ de bataille, à l'instar de nos pères...*

« Nous avons été réduits à observer de loin ; la courte durée de la campagne si inopinément terminée, a bientôt *déjoué pour nous la perspective d'une participation à la guerre* (1)... »

Le mot *déjoué* est juste. Le 25 juillet 1859, les transports par chemin de fer de l'armée allemande devaient commencer. Ils se seraient exécutés aussi bien que le déploiement de l'armée sur le Rhin, en 1870, d'après un projet qui avait été approuvé par le prince régent de Prusse : ce projet était le coup d'essai du chef de l'état-major

(1) Reproduction de la traduction française, publiée par la division historique du grand état-major allemand.

de l'armée prussienne, du général-major comte de Moltke, qui nous épiait depuis le 29 octobre 1857 (1).

* *

L'Empereur Napoléon III, dominateur par la force, comblait de faveurs les personnes de son entourage et toutes celles associées à sa fortune politique ; il donnait à ceux-ci à pleines mains, sans compter, laissait dans l'ombre ceux que leur caractère inflexible tenait éloigné des Tuileries. Il mit ainsi de côté bien des intelligences dont il aurait pu se servir et dont les conseils lui manquèrent souvent.

Pélissier était de ce nombre. Absorbé par la perspective de périls qu'il prévoyait à brève échéance ; dégoûté d'une politique qui menait la France à deux doigts de sa perte, il demanda à revenir en Algérie, sa terre de prédilection, et, en 1860, il était gouverneur général de notre belle colonie africaine.

Le christianisme pratique envahissait l'âme droite et forte du vieux guerrier qui n'avait plus alors que quelques années à vivre.

Mgr Pavie avait posé la première pierre de Notre-Dame d'Afrique, le 14 octobre 1855 ; les fondations définitives du monument étaient ter-

(1) *Histoire militaire contemporaine.* Commandant Frédéric Canonge.

14

minées le 25 mai 1858, et la dévotion des fidèles envers la nouvelle cathédrale d'Alger semblait grandir sous les murs du monument.

Dans les moments solennels, généraux, colonels et officiers de tous rangs, à cette époque, portaient leurs regards vers Dieu, dont l'illustre prélat était le digne représentant sur cette terre.

Après la prise de Laghouat, Pélissier avait envoyé à Mgr Pavie les plus belles palmes de l'oasis pour être portées processionnellement, le dimanche des Rameaux, en l'honneur du Dieu des armées; après Sébastopol, il lui avait fait remettre la croix ouvragée qui surmontait la chapelle de la tour Malakoff pour être placée au-dessus des clochetons de Notre-Dame d'Afrique.

Puisque nous jetons ici en passant un coup d'œil rétrospectif sur la fin de la guerre de Crimée, profitons-en pour donner encore quelques détails peu connus.

En abandonnant précipitamment Sébastopol pour opérer sa retraite vers le nord, la garnison russe avait laissé dans la forteresse tout le matériel de guerre qu'elle renfermait. Le nombre des bouches à feu existant tant dans l'arsenal maritime que dans les ouvrages qui constituaient l'enceinte de la place, s'élevaient à environ huit cents pièces. Les généraux en chef des armées alliées arrêtèrent que ces magnifiques trophées seraient partagés entre les puissances qu'ils représen-

Notre-Dame du Puy.
Statue fondue avec les canons russes pris à Sébastopol.

taient, au prorata des effectifs de combattants que ces puissances avaient en Crimée. Ce partage des bouches à feu permit à Pélissier de faire des largesses à certaines églises de France, et, aujourd'hui, les statues colossales en bronze de Notre-Dame du Puy et de Notre-Dame de Vienne (Isère) proviennent de la fonte des canons russes pris à Sébastopol. Ce sont là des dons spontanés de Pélissier.

Rigoureux sur les principes, le maréchal ne se laissait influencer par aucune considération personnelle, aucune amitié particulière. Rien ne le faisait dévier de la droite ligne. L'anecdote suivante en est une preuve :

En 1861, la petite ville de Douera avait pour maire un ancien enfant de troupe de l'Empire devenu colonel, connu en Afrique par quelques actes d'une réelle bravoure, mais d'un esprit vaniteux et borné. Il se nommait *Cappone* dit *Marengo* (1).

(1) En 1836, le maréchal Clauzel, cherchant à gagner Médeah, avait confié les fonds de sa colonne et une batterie d'artillerie à quatre cents *zéphyrs* (hommes du bataillon d'Afrique), commandés par le chef de bataillon Marengo. Retranchés au pied du col de Mouzaïa, dans un méchant poste entouré de murs en terre, dominé par un bois d'oliviers, d'où l'ennemi faisait un feu incessant, ces quatre cents braves se défendirent courageusement pendant plusieurs jours, conservant à l'armée ce qu'elle avait de plus précieux : ses blessés, son artillerie, son trésor. Quand Clauzel revint à Mouzaïa, il trouva la défense improvisée des zéphyrs entourée de cadavres ennemis. On baptisa ces braves qui venaient de se réhabiliter d'une façon éclatante, du nom de *chamborans du père Marengo*.

Il se livrait à une véritable persécution contre les écoles tenues par les Frères et les Sœurs de Charité ; seul, le représentant de l'Université qui

C'est le petit père Marengo qui vient vous offrir ses hommages (page 214).

était un fervent chrétien, — chose rare, même à l'époque, — luttait contre l'autorité municipale, pour arrêter le zèle anticlérical du père Marengo.

Mais ce n'était pas suffisant. Pélissier mit alors la main à la plume et écrivit au maire que, s'il ne changeait pas ses allures envers les maîtres de l'enseignement congréganiste de Douera, il irait lui-même mettre les choses en place.

L'ancien colonel se hâta d'accourir à la première réception publique et officielle du gouverneur général ; il se glissa entre l'évêque, Mgr Pavie, et l'inspecteur de l'Académie. Puis, se dressant tout à coup devant le maréchal, après l'avoir salué, et s'être profondément incliné :

« — Désolé de vous avoir causé le moindre ennui, Monsieur le Maréchal, dit-il d'une voix caressante et mielleuse ; c'est le petit père Marengo qui vient vous offrir ses hommages, et vous renouveler l'assurance de son obéissance à tous les ordres venus du gouvernement général. »

Pélissier toisa du regard ce maire en rupture de ban, puis répondit, parlant du nez, ainsi qu'il en avait l'habitude :

« — Je crois bien que tu en serais désolé, Marengo ; car si tu recommences tes bêtises, je te fais f...lanquer au Fort l'Empereur, et je t'y enferme pour un mois... Tu as compris... »

Dorénavant, ni les Frères des Ecoles chrétiennes ni les Sœurs ne furent inquiétés à Douera.

* *

De cruelles déceptions allaient bientôt abreuver l'existence du maréchal Pélissier, comme une préparation à la crise suprême qui devait l'emporter.

Pour pouvoir mener à bien les expéditions de Cochinchine (1861) et du Mexique (1862), on avait enlevé à l'Algérie une grande partie de ses troupes ; on ne les avait pas remplacées ; dès lors tous les postes, surtout ceux du Sud, avaient vu leurs garnisons diminuer.

A tort ou à raison, le désir de donner à l'administration indigène des formes régulières nous avait amenés peu à peu à ne pas toujours tenir compte du caractère arabe ; nous avions froissé de vieilles habitudes féodales, au profit d'hommes nouveaux dont rien ne justifiait l'élévation. De là des familles écartées du pouvoir qui n'aspiraient qu'à le ressaisir, en se jetant sous le drapeau des rebelles à la première occasion ; de là aussi un sourd mécontentement qui devait, tôt ou tard, se traduire par une levée de boucliers contre nous.

Au commencement de l'année 1864, le fanatisme religieux se réveilla, et le prestige d'une famille que nous avions laissée dans l'obscurité, allait enfin grandir, en se mesurant avec nous.

Cette famille était celle des Ouled-Sidi-Cheik.

Ils sont de seconde noblesse, c'est-à-dire qu'ils ne sont pas directement issus du prophète. Ils descendent de son khalifat, Abou-Becker-Sedlick, surnommé *le Véridique*, qui épousa, dit-on, une de ses filles.

Cette famille est d'origine tunisienne et remonte au XIIIe siècle, lorsqu'un de ses membres Maamar-ben-Abla, chassé de Tunis, vint s'établir chez les Arbaouat, où on voit encore son tombeau. Mais l'influence religieuse de la secte lui vient du marabout Sidi-Abd-el-Kader-ben-Mohamed-Sidi-Cheick, descendant de Maamar (5e génération) dont le tombeau est à El-Abiod (environs de Geryville) et dont la zaouïa (espèce d'hôtellerie religieuse) était gardée par un *bouab* (portier) qui recevait et nourrissait les voyageurs et les mendiants avec les offrandes des fidèles.

Les Ouled-Sidi-Cheick forment, ainsi qu'on le voit, une puissante tribu dont les membres prétendent tous descendre de Sidi-Abd-el-Kader-ben-Mohamed-Sidi-Cheick ; mais beaucoup de serviteurs religieux (*Abids*) se sont mêlés depuis aux descendants directs.

Sidi-Cheick avait recommandé à ses enfants de vivre pauvres et leur avait défendu de porter les armes. Leur vie contemplative devait s'écouler entre le Coran d'une main et le chapelet de l'autre. Son fils aîné, El-Hadj-ben-Cheick, suivit ce conseil ; mais après sa mort, la famille se divisa en deux branches issues des deux fils de Sidi-Cheick. L'une constitua les Ouled-Sidi-Cheick-Cheraga, ou de l'est (Algérie), descendants de Si-el-Hadj-bou-Hafis et les Ouled-Sidi-Cheick-Gharaba, ou de l'ouest (Maroc), descendants de

Si-el-Hadj-Abd-el-Hakem. Les premiers se fixèrent à El-Abiod et formèrent la branche aînée ; les fils d'El-Abd-el-Hakem conduisirent leurs troupeaux plus à l'ouest, vers l'oued Namous (*la rivière du Moustique*), se fixèrent aux environs de Figuig (Maroc) et constituèrent la branche cadette.

**

Un descendant des Ouled-Cheick-Cheraga, Si-Hamza-ben-bou-Bekr, nous avait puissamment aidés en 1852 et 1853, dans nos opérations contre le chérif d'Ouargla. En récompense des services qu'il nous avait rendus, le marabout Si-Hamza reçut le khalifat de tout le pays que nous venions de soumettre et son frère fut nommé agha d'Ouargla. Le Sud se trouvait ainsi entre les mains de la famille de Si-Hamza-ben-bou-Bekr qui, seul de tous les chefs arabes, avait reçu alors *la Baraka*, c'est-à-dire la bénédiction de Dieu, et qui nous resta fidèle jusqu'à sa mort, arrivée en 1861. A sa mort, l'administration française voulut revenir en arrière, en ne donnant à son fils aîné que le titre de bach-agha.

Celui-ci mourut, à son tour, en 1862. Si-Sliman-ben-Hamza lui succéda, au moment où son oncle mourait à Ouargla, laissant sa succession à son fils, Sidi-ben-bou-Bekr. L'ambition s'en mêla, il n'en fallut pas davantage pour mettre le feu aux poudres.

On était au mois de février 1864; le Rhamadan (Carême musulman) battait son plein. Le 21, Si-Sliman quitta furtivement El-Abiod, se dirigeant vers le sud, emmenant avec lui sa zaouïa et toutes les tentes directement sous ses ordres.

Rien ne présageait alors ce brusque revirement du chef de la famille des Ouled-Sidi-Cheick; l'autorité militaire, surprise, se hâta de rappeler vers le nord les troupeaux des trois provinces en ce moment dispersés sur les hauts plateaux, mais ne put éviter un commencement de pillage exercé contre les Ouled-Nails et les Larbaa déjà travaillés par les dissidents. Le gouverneur général, ne croyant l'insurrection que partielle, se contenta de porter sur El-Haricha l'escadron de spahis de Tlemcen, sur le Djebel-Amour, le commandant supérieur de Thiaret, colonel Beauprêtre, avec cent hommes d'infanterie, quelques spahis, et les goumiers Harars qu'il avait à sa disposition; d'augmenter la garnison de Geryville et d'envoyer le capitaine Heilmann, de l'état-major, commandant supérieur de Boghar, à Rad-el-Aïn-Taguin, avec un escadron de spahis.

Le 17 avril 1864, une compagnie du 1er zouaves (lieutenant Haroncourt) bivouquait à Aïn-el-Ibed, faisant route pour Laghouat, lorsque subitement, l'officier qui la commandait, reçut le billet laconique suivant :

« Au reçu du présent ordre, sans perdre une « minute, faites demi-tour pour revenir à Djelfa ; « votre présence peut y être très utile cette nuit, « peut-être même indispensable. Je compte sur « votre activité et celle de vos hommes. »

A quatre heures la soupe était mangée, les sacs faits, la compagnie rebroussait chemin et arrivait à Djelfa à une heure du matin, ayant fait soixante-huit kilomètres, sac au dos, en neuf heures de temps.

Que se passait-il ?...

La grande insurrection de 1864 commençait.

Dès le 7 mars 1864, les dissidents réunis à Ommack-el-Hadjedj, sur l'oued Zergoun, sont rejoints par les Ouled-Yacoub-Zerara qui viennent de quitter le Djebel-Amour.

Arrivés au milieu des dissidents, à Aïn-bou-Bekr, le colonel Beauprêtre était subitement attaqué le 8 avril, surpris dans son camp. Ses goumiers Harars faisaient défection ; il se faisait tuer lui-même, après avoir abattu Si-Sliman d'un coup de pistolet tiré à bout portant. Les spahis et les fantassins de son escorte se défendirent seuls bravement ; tous se firent massacrer autour du cadavre de leur chef.

Si-Mohamed-ben-Hamza remplaça son frère à la tête de l'insurrection qui se propagea instantanément, comme une traînée de poudre, dans toute l'Algérie. L'agha du Djebel-Amour se retira entre Sidi-bou-Zid et Taguin.

Alors commença dans la province d'Oran une série d'assassinats, commis sur les cavaliers de remonte, sur les soldats puisatiers, sur les hommes isolés du train, sur les voituriers trop confiants.

Dans la province d'Alger, l'agha des Ouled-Chaïb (cercle de Boghar), Naïmi, prépara sa défection, en faisant assassiner un peloton de spahis, envoyé de Taguin à Mendjel, en forçant le capitaine Heilmann à se retirer sur Chellala. Après ce coup de main, les Ouled-Chaïb se portèrent du côté de Si-Mohamed-ben-Hamza, suivis par une soixantaine de tentes des Ouled-Ahmet-Recheiga et des Ouled-Aïssa-Saraguin.

Une grande terreur se répandit alors de Boghar à Laghouat. Le Tell était découvert, et dans le but de se tenir prête à tout événement, une colonne se concentra le 18 avril à Boghar, d'abord sous les ordres du général Doëns, puis sous ceux du général Yussuf.

Peu après, l'opportunité de mesures préventives se fit également sentir dans la province de Constantine. Le général Desvaux connaissait trop bien les populations de l'oued R'ir et de l'oued Souf, pour ne pas juger utile de les faire spécialement surveiller. Aussi dès les premiers jours du mois d'avril 1864, le colonel Seroka, du 66e régiment de ligne, commandant la subdivision de Batna, eut-il la mission d'organiser une colonne et de se porter avec elle sur Tuggurth.

Partie de Batna, le 18 avril, cette colonne était à Tuggurth le 30 du même mois ; elle y séjourna quelque temps, parcourant les oasis des environs, puis elle reprit le chemin de Batna où elle rentra dans les premiers jours du mois de juillet, sans avoir remarqué nullement dans la province de Constantine, de dispositions hostiles de la part des tribus soumises à notre autorité, ou de symptômes de soulèvement.

En même temps que le colonel Seroka assurait ainsi, pour le moment du moins, la sécurité de nos postes du Sud, le général d'Exéa qui commandait la subdivision de Bône, faisait le long de la frontière tunisienne, et particulièrement dans les environs de Tebessa, l'excursion qu'on avait l'habitude d'y faire chaque année, autant pour y maintenir l'ordre que pour faire rentrer sur leurs territoires les tribus de la régence dont les empiètements pouvaient avoir en Algérie de graves conséquences.

Cette colonne s'organisa à Souk-Aras le 31 mai. Mise en route le 17 juin, elle était à Tebessa le 25, rayonna quelques jours autour de cette ville ; puis elle revint sur Souk-Aras et se dirigea, en suivant la frontière, sur la Calle où elle arriva le 9 août ; elle fut dissoute le lendemain.

Cependant les troubles de la province d'Oran menaçaient de prendre une grande extension. Aucun doute n'était possible ; l'insurrection allait devenir générale ; la révolte agitait maintenant toute la région des Hauts-Plateaux menaçant de pénétrer en Kabylie et de donner la main à un important soulèvement en Tunisie.

A Bou-Câada, notamment, petit poste militaire avancé, entouré de murailles faites de larges briques en terre cuites séchées au soleil, l'agitation qui se propageait dans le sud devint inquiétante. Le commandant supérieur était le colonel l'Espinasse de Venel, du 3e chasseurs de France. La garnison se composait :

D'un détachement du 3e zouaves ;

D'un escadron du 3e chasseurs de France ;

D'un détachement d'artillerie pour le service du Bordj ;

Des officiers du bureau arabe ;

D'un capitaine de place appartenait à l'arme du génie ;

D'un médecin-major.

Le colonel de Venel dont l'ancienneté remontait au 28 décembre 1855, était un vieux soldat. On l'appelait *le père François*. On ne sait trop pourquoi, car son nom de baptême était Fortuné.

Nommé général de brigade, au début de l'insurrection de 1864, il céda le commandement du cercle de Bou-Câada, au lieutenant-colonel de Briand, dont le caractère fougueux, emporté, était tout l'opposé de celui de son ancien chef qui était au contraire bon, paternel, disposé à l'indulgence.

Ces nouvelles et d'autres plus alarmantes encore ne laissèrent pas que d'inquiéter le vieux maréchal qui, fatigué déjà et usé par l'âge (70 ans), ne pouvait plus monter à cheval et se présenter là où était le danger.

L'Algérie avait fait prématurément l'essai du gouvernement général civil, sous le ministère spécial du prince Napoléon ; en peu de temps, d'énormes difficultés paralysèrent tout ressort dans notre grande et belle colonie africaine, et le maréchal Pélissier, rompu aux affaires algériennes, par une pratique de vingt années presque consécutives, apparut au gouvernement impérial, comme le sauveur d'une situation déjà très compromise. L'insurrection de 1864 venait bien mal à propos lui imposer un excès de travail de nuit et de jour qui ne pouvait qu'être préjudiciable à son état de santé.

Une inflammation de grippe, causée par un excès de fatigue, se porta sur les poumons, et l'illustre maréchal s'éteignit le 22 mai 1864, dans les bras de sa jeune femme, douce et vaillante compagne de sa vieillesse, en présence des officiers de son état-major, ses frères d'armes, admirable cohorte dont il était un des meilleurs.

Pélissier, en revenant de Crimée, avait donné à Mgr Pavie une petite croix de nacre, rapportée de Jérusalem, et le prélat avait pour elle une grande vénération. Il la donna un jour à Sœur Madeleine, du monastère du Bon-Secours de Troyes, venue à Alger pour organiser le service des hôpitaux : « Prenez cette croix, ma fille, elle vous revient de droit, vous qui avez soigné, en 1861, mon père mourant. » Plus tard, Sœur Madeleine qui veillait le maréchal Pélissier à son lit de mort, lui présenta la petite croix du Saint-Sépulcre ; l'illustre malade la contempla avec une grande foi, l'embrassa à plusieurs reprises, et joignit les deux mains en signe de prières. Puis, il dit au colonel Renson, son aide de camp : « Je donne l'épée que je portais à Malakoff, à Notre-Dame d'Afrique : je veux qu'elle repose aux pieds de la Sainte Vierge. »

* * *

Madame de Sevigné raconte que Turenne, avant d'aller faire à Salzbach une mort sublime, avait écrit au cardinal de Retz : « Si je reviens de cette campagne, je ne mourrai pas sur le coffre, et à votre exemple je mettrai quelque temps entre la vie et la mort. » Le mot a été souvent cité sans indication d'origine et, comme il est beau, il a été mis sur les lèvres de nombreux personnages historiques. Il convient à un homme mêlé avec agitation aux affaires militaires.

C'est à la peine, en plein travail d'activité, entouré d'officiers qu'il exaltait ; c'est au service du pays que le maréchal Pélissier se sentit défaillir.

Il demanda lui-même les derniers sacrements, et comme par un reste d'espoir on le faisait attendre, il parla d'un ton auquel il fallut obéir. La mort approchait à pas précipités. Il reçut le saint Viatique avec joie, et lorsque la parole ne montait plus jusqu'à ses lèvres blêmes, il tendit ses mains aux onctions purificatrices de Mgr Pavie.

Pélissier professait une touchante dévotion à la Saint Vierge. Après l'échec du 18 juin 1855, il écrivait à un de ses amis : « Il vaut mieux mettre Dieu dans ses affaires que des anniversaires politiques. » Et lorsque, quelques jours après, il lui fallut fixer une date définitive pour l'assaut de Malakoff, il choisit précisément celle du 8 septembre, anniversaire de la Nativité de la Sainte Vierge. Lui-même l'a écrit plus tard à la supérieure de l'hospice du Puy qui lui avait envoyé une médaille de l'*Immaculée-Conception* : « Je « commence par vous dire, ma très chère sœur, « écrit Pélissier, que je ratifie volontiers les vœux

15

« que vous avez faits pour moi. Et, vous aurez
« dû le remarquer, ces vœux ont été exaucés.
« C'est le lendemain de l'Assomption que j'ai
« battu les Russes à Traktir, et c'est le jour de
« la Nativité de Notre-Dame que Malakoff a été
« pris.

« Ainsi, ce sont les bonnes prières à la Vierge
« et la foi que nous y avons, qui, plus que le
« vulgaire ne le pense, nous ont été d'un si
« grand secours dans ces deux glorieuses jour-
« nées. (1) »

En 1859, lors de sa prise de commandement à
Nancy, Pélissier retrouva deux de ses camarades :
un commandant, ancien officier de spahis qui
avait été sous ses ordres comme sous-officier aux
hussards de la Meurthe, et un lieutenant d'infanterie, vieux brave, perclus de rhumatismes, que
la guerre de Crimée avait rendu impotent à ce
point qu'il était en non-activité pour infirmités
temporaires, en attendant la liquidation de sa
pension de retraite. Tous les deux, sans fortune,
vivaient à Nancy dans un état voisin de la gêne.
Le premier, le buste encore raide, avait une tête
superbe de grognard, barbiche courte et grosses
moustaches blanches, un air franc, bourru même,
des yeux clairs, d'un bleu gris, tout luisants d'esprit et de volonté. Le second était un petit homme

____

(1) *Journal de la Haute-Loire.*

placide, dont la vie semblait à charge à ses souffrances de chaque jour. Ces trois champions d'un
glorieux passé se rencontrèrent par hasard, au
moment où ils y pensaient le moins, — comme
cela arrive presque toujours, en pareil cas, —
évoquèrent les visions de salons et de champs de
bataille qu'ils avaient traversés ensemble ; l'un
parla des épiques chevauchées de ses spahis à la
poursuite d'Abd-el-Kader, l'autre de la mêlée
de Malakoff ; chacun se serrait la main et se
tutoyait.

Tous les deux furent invités à venir dîner au
quartier général de Pélissier. Différents d'éducation et d'allures, ils ne parlaient que de leurs
vieux souvenirs de guerre. Cette rencontre fut
pour Pélissier un acte de foi, d'espérance et... de
charité. Le lierre n'enlace pas un peuplier de plus
près ; et apprenant un jour que celui qu'il appelait
son *lieutenant*, était réduit à la famine, il l'invita
à dîner, après avoir fait discrètement déposer sous
sa serviette la croix d'honneur qu'il n'avait pas
encore et un titre de pension de douze cents
francs.

Cette même année, le duc de Malakoff était venu
à Paris, pour assister au conseil privé présidé par
l'Empereur dans la *salle des Maréchaux*. Comme
toujours il y fit son entrée, le cigare aux lèvres, avec
ce sans-façon que lui ont si souvent reproché
ceux qui le connaissaient.

« — Vous savez qu'on ne fume pas ici, » lui dit un de ces favoris de la fortune, qui devait son bâton de maréchal, bien plus pour services rendus à la politique, que pour services de guerre :

Le maréchal toisa son interlocuteur, le regarda dans le blanc des yeux, puis répondit crânement, en tirant une bouffée de fumée de son cigare.

« — Je savais que vous aviez peur du feu ; mais j'ignorais jusqu'à ce jour que vous eussiez peur aussi de la fumée. »

Quel est celui des dignitaires de l'Empire, auquel s'adressait cette invective de Pélissier ? Nul ne le sait. L'histoire est muette à ce sujet.

Mais le général Ambert qui rapporte cette anecdote, ajoute comme conclusion :

« Aux yeux de la foule, le bâton que portait le maréchal Pélissier, ne paraissait pas plus grand qu'un autre... Il l'est dix fois plus pour l'historien. »

*
* *

La France fut saisie d'un frémissement, en apprenant le trépas d'un de ses plus grands hommes de guerre. Elle lui fit les honneurs suprêmes de l'inhumation aux Invalides. A Alger, l'évêque monta en chaire et au milieu d'un auditoire choisi, il trouva une éloquence qu'il ne se connaissait point, pour pleurer le bienfaiteur de l'Eglise d'Afrique. A Paris, une foule respectueuse escorta son cercueil de la gare de Lyon à l'église Saint-Louis des Invalides.

Pendant toute une semaine, sur tous les points du territoire, des services spontanés furent célébrés pour le repos de cette âme que les plus illustres évêques louèrent à l'envi.

Evidemment cette mort n'était pas celle d'un homme ordinaire. Un ministre succombant au service de sa patrie, un prélat cher à l'Eglise, n'auraient peut-être pas obtenu ce concours de regrets, de reconnaissance et d'admiration.

Qui aurait pu prévoir alors les désastres de 1870? Pélissier mourait juste à temps, pour ne pas voir l'affreuse tragédie du Mexique, la liberté et les droits des catholiques du monde entier impunément foulés aux pieds par cette Italie que l'Empire avait faite; l'unité allemande se dressant, comme un châtiment contre nous, la France vaincue par l'Allemagne, nos vaillantes armées livrées à l'ennemi par des capitulations sans exemple dans l'histoire, et l'empire germanique proclamé en plein palais de Versailles...

Où est-il aujourd'hui le grand capitaine qui vengera l'honneur de nos armes? Qui lavera dans le sang notre drapeau couvert d'humiliations? Qui affranchira l'Alsace et la Lorraine toutes frémissantes encore sous la main de leur oppresseur?

Nous n'avons plus de grands hommes. Nous n'avons plus de grands généraux.

*
* *

On a poussé jusqu'au ridicule l'amas des anecdotes concernant la brusquerie et les rebuffades de Pélissier. On oublie que, comme tous les hommes vraiment forts, il était avare de son amitié. S'il s'emportait violemment parfois, c'étaient les défauts d'un caractère droit et franc, sachant réparer à l'occasion, les blessures qu'il avait causées. Fidèle à ceux qu'il honorait, Pélissier, entouré d'amis vrais, était le plus aimable des hommes, et le plus charmant causeur. En revanche, les médiocres et les vaniteux ne lui pardonnèrent jamais les coups de boutoir *justes* et *mérités*, sous lesquels il les courbait.

Le soir de la malencontreuse attaque du 18 juin 1855, un officier qui connaissait Pélissier vint lui demander la croix.

« — Il y en a des boisseaux dans le bastion de Malakoff, répondit le général avec sa placidité ordinaire ; allez les y chercher ; il y en a peut-être une pour vous. »

Le maréchal aimait le colonel Cassaigne, comme s'il eut été son fils ; c'est qu'il avait une réelle valeur et comprenait à demi-mot les instructions que son chef lui donnait ; son concours facilitait à Pélissier l'expédition des affaires dont il était chargé. Mais de cette affection du général à l'aide de camp, il ne faut pas conclure à une égoïste satisfaction d'un supérieur s'en rapportant à son subordonné.

Comme science administrative et militaire, Pélissier a prouvé qu'il était assez riche de son propre fonds pour ne rien emprunter aux autres.

Cassaigne disait un jour en riant au colonel Lebrun, chef d'état-major de Mac-Mahon, en Crimée : « Mon Dieu, quand le général me reçoit mal, je ne m'en formalise pas ; je sais qu'il est comme ces Marseillais qui appellent leur fils : enfant de chien... par amitié. »

Ceux qui ne connaissaient pas le bon cœur de Pélissier, se blessaient quelquefois de ces boutades de vieux soldat. Dans toutes les notes de la voix humaine, il était impossible, en effet, de rencontrer un air plus goguenard que celui avec lequel le maréchal accentuait ses railleries dites d'un ton lent et nazillard.

Un général qu'il est inutile de nommer était arrivé malade en Crimée. A peine installé à son bivouac, son état devint assez grave pour que le médecin de l'état-major le propose pour un retour en France. Il vint faire sa visite d'adieu au commandant en chef, la veille de son départ. Reçu avec une certaine bonhomie, il allait se retirer, sa visite terminée, lorsqu'au moment de sortir de la tente, un signe le retint :

« — Vous nous laisserez vos chevaux, général ;

au moins eux ne sont pas malades, n'est-ce pas? »

Le maréchal, on le voit, avait une répugnance marquée pour les officiers inutiles. Etre protégé par lui constituait un signe certain d'aptitude militaire. Ses aides de camp, Cassaigne et, après lui, Appert en furent un frappant exemple. Tous les officiers ayant mérité sa sollicitude sont à la fois soldats et chefs militaires accomplis, témoin le colonel Lacretelle du 51e qui devint un de nos meilleurs généraux de division.

Une protection née du mérite et des services acquis honore à la fois celui qui la donne et celui qui en est l'objet.

Un chef débonnaire n'a point de succès en France. Nos soldats n'ont pas besoin d'indulgence. Epris du sentiment national, de l'instinct de la discipline et du besoin d'agir, ils veulent être commandés avec vigueur, être conduits énergiquement, avec rudesse même, pourvu qu'on aille de l'avant. Le maréchal Pélissier réunissait toutes ces conditions au suprême degré.

Jamais homme ne fut moins courtisan. Il ne savait que marcher droit devant lui, sans jamais reculer devant ses détracteurs quels qu'ils fussent. Observateur profond, esprit large et très cultivé, mêlé sans exception à toutes les guerres soutenues par la France depuis 1815, il avait le culte du souvenir et le respect des services acquis, et lorsqu'après Malakoff, il ferma les yeux à son fidèle aide de camp, l'homme de fer ne broncha pas, mais rentré sous sa tente, il se laissa aller à une explosion de douleurs telle qu'il l'appelait, « comme un frère appelle son frère. » Deux jours après ce fatal événement, comme les généraux assemblés venaient le féliciter de sa victoire, le nom de Cassaigne lui revint sur les lèvres, il se troubla, pâlit, et, lorsqu'il fut laissé seul, se jeta sur une chaise en sanglotant. Le général anglais Harry écrivait à sa femme : « La douleur de cet homme trempé à l'acier m'a bouleversé... ; nous étions là vingt-cinq généraux, les larmes aux yeux. »

Les grands cœurs ont seuls de ces faiblesses soudaines.

Et maintenant quelle peut être la conclusion à tirer de ce volume que nous dédions à la jeunesse catholique de France, en souvenir du maréchal Pélissier : l'homme de guerre a deux grands devoirs à remplir ; deux devoirs primordiaux qui dominent tous les autres : faire aimer l'Eglise ; faire aimer la Patrie.

Un écrivain de talent, — le général Ambert, — a dit quelque part dans ses écrits : « Qu'un homme vivant en paix sous le toit qui l'a vu naître et le verra mourir, demeure indifférent à toute pensée religieuse, cela peut se concevoir jusqu'à un certain point. Son âme sommeille. Les jours succèdent aux jours : l'hiver amène ses neiges, le printemps ses fleurs, l'été son soleil et l'automne ses moissons. Cet homme ne voit pas la main de Dieu qui modifie tout autour de lui (1). »

Quelle différence avec l'homme de guerre ! Lui, si près de la mort, souvent, c'est-à-dire si près de Dieu, élève forcément sa pensée vers le Créateur ; il sent que toute sa force vient d'en haut, et pour être calme devant le péril, inébranlable dans les épreuves, résigné devant les souffrances, héroïque le jour de l'assaut, il sent qu'il a besoin de faire appel à son Dieu.

Lecteurs de ce livre, si vous vous destinez à la carrière des armes, soyez religieux, ou tout au moins, ayez la foi ; c'est le seul moyen de ne pas baisser le front, et de toujours faire votre devoir, quelque pénibles que soient la discipline et l'engagement qui en découle.

Pour tout homme de guerre qui aime son état, et sait se dévouer à son pays, le meilleur guide est encore le christianisme dont l'église est un asile toujours ouvert.

La vie de Pélissier nous en offre un exemple frapppant ; ses idées religieuses sont conformes à celles de Turenne, de Drouot, de La Moricière.

Et puis, il y a autre chose dans ce livre ; c'est l'idée de la patrie développée par un homme qui,

(1) *Le pays de l'honneur*, page 260.

s'il eut vécu en 1870, ne nous aurait laissé enlever ni Strasbourg, ni Metz, ni Paris.

Le bivouac, cette halte des soldats, cette veillée des camps, a été la porte où toutes les célébrités se sont agrandies. Le caractère guerrier d'un peuple s'y anime et s'y déploie, suivant l'aptitude du chef ; c'est le péristyle de nos gloires passées et futures. Charlemagne y apparut avec sa chlamide de peau de loutre, Henri IV avec sa jaquette de bure ; Napoléon Ier y a dormi dans son manteau de ratine.

Que nos jeunes officiers fassent appel aux souvenirs de leurs aînés, ils apprendront que c'est au bivouac que se raniment les émotions du foyer paternel, que les cœurs battent au récit de vieux exploits. Là, tout est vivace ; tout impressionne, et en fourbissant les armes ou en enlevant la rouille d'une nuit, les soldats chantent en chœur quelques refrains du pays natal. Que nos vieux Africains se réjouissent : le bivouac a été de tous temps et sera toujours la soirée précédant le combat qui électrise, rehausse l'âme et donne des palmes à la vie.

La foi — disent les sceptiques, — est le propre des âmes qui obéissent plutôt au sentiment qu'à la logique. L'auteur de ce livre qui a fait la guerre et a acquis quelque expérience du métier militaire, peut affirmer qu'elle ne retrécit ni l'esprit ni le caractère de l'homme, et qu'elle s'allie admirablement avec les plus nobles, les plus hautes, les plus viriles facultés de la nature humaine. Elle est la vigueur des âmes fortement trempées : *Fides est magnarum vigor mentium.*

Pélissier était un croyant. Or croire et ne pas oser témoigner de sa foi, ne serait-ce pas tout particulièrement indigne d'un soldat ? Croire, et n'avoir pas le courage de faire à sa foi les sacrifices qu'elle demande, serait-ce agir en homme de cœur (1) ?

Le vrai soldat ne connaît ni ces réticences, ni ces demi-mesures. « Le juste vit de la foi (2), » et la foi du juste se montre et se démontre par des œuvres.

Nous vivons dans un temps où la contagion de certaines idées malsaines a presque entièrement détruit parmi nous les ressorts de l'autorité. Les uns ne savent plus commander ; les autres ne veulent plus obéir. En bas, l'esprit d'indiscipline a tué le sentiment hiérarchique du respect et de la soumission ; en haut, l'autorité n'a plus conscience de ses droits, craint de s'affirmer et se suicide pour ainsi dire par ses propres hésitations (3).

(1) Mgr Perraud. *Le Centurion.*
(2) *Epitre aux Romains,* I, page 17.
(3) *Le Centurion.*

Et nous ajouterons ceci : on est d'autant plus puissant à exercer le commandement légitime envers les hommes, qu'on a commencé par respecter l'autorité légitime du maître de tous les hommes, de Dieu.

Subditus obediem, subditas regem.

Ni la foi, ni la pratique ostensible de la religion, ne sont nuisibles à l'accomplissement des devoirs d'état.

En élevant ses aspirations plus haut que cette terre, les croyances de Pélissier n'ont pas peu contribué à en faire le noble soldat que nous avons admiré dans ce livre. En lui rappelant les divines origines du commandement : *Non es potestas nisi a Deo* (1) ; en lui montrant par delà la tombe, une vie supérieure, — éternel couronnement et récompense sublime de celle qu'il immole au champ d'honneur, — la foi chrétienne contribue singulièrement à inspirer au cœur du soldat ce respect de la consigne et ce mépris de la mort qui sont ses qualités essentielles. « Ils allaient à la mort, comme s'ils devaient « ressusciter le lendemain, » a-t-on dit de nos pères.

Ce n'est pas un mot ; c'est une vérité.

(1) *Epître aux Romains, XIII.*

Enracinons donc profondément cette foi et cette espérance au cœur de nos futurs officiers, de nos jeunes soldats ; le culte du drapeau leur sera facile ; leurs aînés dans la carrière saluent d'avance les victoires remportées par eux et qui accroîtront encore le prestige de nos armes.

TABLE DES MATIÈRES